雅斯贝尔斯著作集

罪责问题
——论德国的政治责任

安 尼 译

华东师范大学出版社
·上海·

图书在版编目(CIP)数据

罪责问题：论德国的政治责任/(德)卡尔·雅斯贝尔斯著；安尼译.—上海：华东师范大学出版社，2022
(雅斯贝尔斯著作集)
ISBN 978-7-5760-3405-9

Ⅰ.①罪… Ⅱ.①卡…②安… Ⅲ.①侵略战争－研究－德国－现代 Ⅳ.①K516.5

中国版本图书馆 CIP 数据核字(2022)第 214536 号

雅斯贝尔斯著作集

罪责问题——论德国的政治责任

著　　者　(德)卡尔·雅斯贝尔斯
特约策划　李雪涛
译　　者　安　尼
策划编辑　王　焰
责任编辑　朱华华
特约审读　孙文昊
责任校对　梁梦瑜　时东明
装帧设计　刘怡霖

出版发行　华东师范大学出版社
社　　址　上海市中山北路 3663 号　邮编 200062
网　　址　www.ecnupress.com.cn
电　　话　021-60821666　行政传真 021-62572105
客服电话　021-62865537　门市(邮购)电话 021-62869887
地　　址　上海市中山北路 3663 号华东师范大学校内先锋路口
网　　店　http://hdsdcbs.tmall.com

印 刷 者　上海中华商务联合印刷有限公司
开　　本　890 毫米×1240 毫米　1/32
印　　张　5.125
插　　页　2
字　　数　115 千字
版　　次　2022 年 12 月第 1 版
印　　次　2022 年 12 月第 1 次
书　　号　ISBN 978-7-5760-3405-9
定　　价　49.80 元

出 版 人　王　焰

(如发现本版图书有印订质量问题,请寄回本社客服中心调换或电话 021-62865537 联系)

第二次世界大战之后,雅斯贝尔斯在海德堡大学讲授"罪责问题——论德国的政治责任"时的情景。此照片由《纽约时报》(New York Times)的记者拍摄,照片背面有格特鲁德·雅斯贝尔斯(Gertrud Jaspers)的题记:"1945-1946冬季学期,海德堡大学礼堂,当时未供暖。"

汉译凡例

一、结构

本著作集每本译著的结构是一致的：除了原书的翻译部分之外，书后附有"解说"、"索引"、"译后记"。"解说"主要对本书的主题、时代背景等进行说明；"译后记"主要对翻译的情况与问题进行交代。已出版的德文单行本大都没有索引，正在陆续出版的德文全集只有"人名索引"，中文版除"人名索引"外，增加了"事项索引"。

二、标题

雅斯贝尔斯德文原著的标题、标号颇为特殊，但目录基本可以体现他对某一研究的整体设计和他自己哲学思想的结构。在编辑过程中，采用以德文原版为准，部分标号转换为符合汉语表达的形态。

三、注释

雅斯贝尔斯著作的德文原著，大部分使用的是尾注，也有部分著作用页下注。本书正文注释采用页下注，"解说"部分的注释采用尾注。雅斯贝尔斯原注未作特别说明，译者的注释后标注"译者"。

四、专用名词、术语、人名

重要的专用名词、术语的翻译，可在"事项索引"、"人名索引"中查到。

目 录

序言……1

德国精神状况系列讲座导言……1

罪责问题……9

第一章　分殊的模式……12
　　一、四种罪责概念……12
　　二、罪责的后果……16
　　三、暴力、法律、恩赦……17
　　四、谁来审判？要审判何人何事？……18
　　五、辩护……22

第二章　德国的罪责问题……25
　　第一节　德国罪责的区分……28
　　　　一、刑事犯罪……28
　　　　二、政治罪责……37
　　　　三、道德罪责……38
　　　　四、形而上的罪责……45
　　　　五、总结……46

第二节　道歉的可能性……53
　　一、恐怖主义……53
　　二、罪责与历史关联……55
　　三、他人的罪责……59
　　四、所有人的罪责？……65
第三节　我们的净化……68
　　一、回避净化……69
　　二、净化之路……80

后记：关于我的《罪责问题》……85
解　说……90
人名索引……139
事项索引……145
译后记……152

序　言

　　本书内容来自 1945 至 1946 年冬季学期关于德国精神状况的系列讲座,该讲座探讨的是罪责问题。

　　我所有讨论的目的都在于：作为德国人中的一员,促成澄清事实并达成共识；作为人类的一员,共同致力于探求真相。

海德堡,1946 年 4 月

德国精神状况系列讲座导言

在德国,我们必须相互扶持找到精神归宿。我们尚且缺乏共同基础。我们尝试走到一起。

我们所有人都在各自圈子里展开对话。我要对您讲的内容,就产生于彼此的交谈。

对于我陈述的思想,每个人必须以各自的方式去消化,既不应轻易接受亦不应轻易否定,而应仔细权衡,尝试想象,验证真伪。

我们将学习互相交谈。即是说,我们不仅要道出心中所思,还要聆听他人之见。我们不仅要表达主张,还要在关联中思考,要洗耳恭听,随时准备接受新的见解。我们要心甘情愿地尝试站在他人立场。是的,我们索性就要去寻找那些针对我们的声音。在矛盾中捕捉共识,比草率地固守在相互排斥的观点上更为重要,因为后者会令对话无果而终。

感情用事作出判断很容易,泰然自若面对现实却很难;以固执己见切断沟通很容易,不断超越固见并穷尽真相却很难;形成并抱守一种观点、不再继续思考很容易,跬步向前、从不回避新问题却很难。

在思考这件事上,我们必须重整旗鼓。这就要求我们不沉迷于骄傲、绝望、愤怒、反抗、仇恨、蔑视,而是冰释这些情绪,睁眼面对现实。

不过现在,彼此交谈也会适得其反:割断关联去思考一切、永无定论很容易,开诚布公地思考并作出真实抉择却很难;在交谈中推卸责任很容易,不为己私并矢志不渝却很难;任何时候,出现哪怕一丁点风吹草动就去跟风很容易,而在经历思想上所有摇摆迂回之后仍能笃定地走既定之路,却很难。

当我们真正能够相互交谈时,就进入了起源的空间。要做到这一点,我们的内心必须不断地保留一些信任对方和值得被信任的东西。然后,才有可能在对话中保持平静,它会保证我们一起倾听并听见真实的东西。

因此我们不会怒目相向,而是试图并肩前行,寻找出路。意气用事有违倾诉者的本真。我们不会为了抹黑他人而捶胸顿足,情绪激动。我们也不会自吹自擂,因为那只意味着中伤他人。不过,碍于情面而圈定边界、保持缄默以缓和气氛、用欺骗蒙蔽换取心理安慰,这些是绝不能容许的。没有什么不能问的问题,没有什么不可触碰的理所应当,没有什么需要保守的情感秘密或人生谎言。不过,用过于苛求并缺乏根据的草率判断粗鲁地去打别人耳光,则万万不可。我们彼此相属。在互相交谈时,我们必须能够感到彼此息息相关。

在这样的谈话中,谁也不是别人的法官。每个人既是被告又是法官。贬损他者的行为,我们已听说了许多年。我们不能再这样继续下去。

不过好事难全。我们所有人都倾向于为自己辩护,通过控诉别人而获得类似对抗的力量。今天,我们必须比以往更加严格地审视自己。让我们明确一下:在事物的发展过程中,幸存下来的似乎总是正义的;成功似乎就代表正义;身处上游者,意在行善求真。这其中蕴含着对失败者和失势者、对那些饱受摧残者的视而不见,蕴含着深重的不公。

历朝历代,向来如此。比如,1866、1870 年之后,普鲁士德国的喧嚣曾激发尼采内心的恐惧。再比如,1933 年以来的民族社会主义带来了更大的喧嚣。

因此我们眼下必须扪心自问,我们是否不会再度陷入另一场喧嚣,是否不会再度自以为是,是否不会再度用我们历尽苦难活到今天这个事实来证明我们具备合法性。

我们得清醒地看到:我们活着,幸存至今,并不是靠我们自己;我们的确在遭受灭顶之灾后获得重生的机会,但这不是靠自己的力量。不要把本不属于我们的合法性加在自己头上。

今天,任何一个德国境内的政府都是盟军管辖下的自治政府;同样,每个德国人,我们当中的每一个人,如今可以一展身手,都归于盟军的授意或许可。这是一个残忍的事实。我们得实事求是,一刻也不要忘记这个事实。它使我们远离高傲,教我们学会谦逊。

即便在今天,跟以往任何时候一样,也有出离愤怒的人。他们以为自己最正确,把别人促成的事情当作自己的贡献。

没有人可以从这种状况中完全抽身。我们本身也感到愤怒。多希望这愤怒能够自行净化。我们为灵魂的纯净而战。

这不仅涉及头脑的工作，而且在理智的推动下，还涉及心灵的劳作。你们，在座听课的各位，将会与我产生共鸣或对我心生抵触，而我本人也会带着思想深处的悸动去影响自己。如果在单向聆听报告的过程中，我们不能够在彼此间形成切实的交谈，那么我无法避免某些人会感觉我在针对他。我要预先请求诸位：若有冒犯，敬请原谅。那非我本意。不过我已决心铤而走险，尽可能审慎地表达最激进的想法。

如果我们学会彼此交谈，我们就会超越我们原本的关联，收获一加一大于二。这样就为我们同其他民族对话创造了必备条件。

即便是虚弱无力的状态下，也有可能保持尊严。我们的尊严，还有本来属于我们的机会，都存在于彻底的开诚布公之中。每一个德国人扪心自问，即使彻底失望、遭受更多损失、得不到当权者认真对待，他是否还愿意走上开诚布公这条路。答案是：这是保卫我们灵魂不至沉沦的唯一道路。至于会走出怎样一番天地，我们必须拭目以待。这是一场发生在精神—政治层面的破釜沉舟。假使有可能成功，也得度过漫长期限。我们得到别人信任还需要很长的时间。

高傲地保持沉默是一种态度，短期内可能会是一张合适的面具，在它背后可以喘息和反思。但是，假如这种态度让你顽固地隐藏自己、阻止真相浮出水面、逃避现实的话，那么，它就变成了自我欺骗和针对他人的诡计。这种高傲，假意自封为男子汉气概，实际上却是软弱逃避，是把沉默当作昏迷前的最后一搏。

在今天的德国，彼此交谈虽困难重重，却是首要任务；因为我们各自的经历、感受、愿望以及所作所为，让我们彼此极为不同。在一个迫于外力形成的共同体中，掩藏着各种可能，眼下可以充分展开了。

我们不能只看到自己在处境和作出表态方面有多么艰难，还必须学会看到别人那些完全不同于己的窘境，并学会感同身受。

今天，从基本特征上看，我们德国人共同拥有的也许只是消极负面的东西：同属于一个一败涂地的国族，任由战胜国施恩或施威，缺少一个可以维系所有人的共同根基，以及同处于分崩离析的状态。每个人基本上都是靠自己，然而作为个体，每个人都很无助。我们的共同点，正是缺乏团结。

对于过去的十二年里公开宣传的那些一体化言论，我们表面虽保持沉默，内心却态度各异。在德国，并没有一个法则来统摄我们的灵魂、价值观和内心愿望。因为多年来，我们信以为真的东西、成为我们生活意义的东西，相差竟是如此之大，乃至眼下改造自己的方式也必须因人而异。我们所有人都要洗心革面。我们寻寻觅觅，要重新找到将我们再度团结起来的新基础，建立共同真理的基础。但是我们的方式并不相同。在这样的灾难之中，人人皆可浴火重生，不必担心因此有失颜面。

之所以现在会爆发出各种差异，是因为这十二年来根本就没有可能进行公开讨论；即便在私人生活领域，一切反对的声音也只限制在最私密的交谈中。是的，就连朋友彼此间也要有所保留。在公共生活中铺天盖地，因而带有暗示性的、对于成长于其中的青少年来说几乎是不言而喻的，就只有民族社会主义的思维和说话方式了。

如今我们又可以畅所欲言，却发现我们似乎来自完全不同的世界，纵然我们都说德语并且都生在这个国家，纵然我们的故乡都在这里。

我们想要找到彼此，互相交谈，说服彼此。

我们对事件的看法千差万别，乃至无法调和：在历史断裂的时间节点上就颇多分歧。一些人以1933年经历民族国家之耻作为起点，另一些人认为是1934年6月，还有一些人以1938年对犹太人的迫害为起点，许多人从1942年德国显露败相，或从1943年败局已定时算起，还有一些人认为是1945年。对某些人来说，1945年意味着敞开大门迎接新的可能性；对另一些人而言，1945成了最艰难的日子，因为所谓的民族帝国终结了。

一些人以极端的方式看到灾难根源，并得出结论。早在1933年，他们就渴望西方列强干预和出兵。如今，德国监狱的大门轰然关闭，要解放只能依靠外力。德意志灵魂的未来同这场解放紧密相关。假如德意志命不该绝，那么秉承西方思想的兄弟国家必须着眼欧洲整体利益，尽快实现这场解放。这场解放没有发生，毁灭之路一直延续到1945年，直到我们全部身心经历了灭顶之灾。

不过这种看法在我们当中根本不统一。除了那些把民族社会主义曾经视为或仍然视为黄金时代的人，还存在这样一些民族社会主义的反对者，他们坚信，即便希特勒德国胜利了，也不会导致德意志本质的毁灭。相反，他们在这样的胜利中看到了德国的大好前程，因为他们认为，一个捷报频传的德国早晚会脱离这个党，不是即刻，就是希特勒死后。他们不相信那句老话，说要守住江山,就只能用打江山时的铁腕;他们不相信,恐怖的本质恰恰是在得胜后牢不可破;他们不相信,在一场胜利和军队解散之后,德国会被党卫军控制,变成奴隶民族、笼中之鸟,成就一个荒蛮横扫一切、剥夺他人自由的世界霸权,将一切德意志性(alles Deutsche)扼杀。

今天,苦难因呈现方式特殊而格外有别。诚然,每个人都有心病,受到巨大限制,遭受身体痛苦,但我要说的完全是另一回事:一个人是否还有房可住、有家可回或者被炸得无家可归;他是在前线、在家还是在集中营遭受痛苦或损失;他是否曾经追随盖世太保或效力纳粹专政,哪怕心怀恐惧。几乎每个人都失去过亲密朋友和家人,如何失去的呢?是前线作战还是空袭炸弹?是集中营还是大屠杀?这会在人们内心产生迥异的回响。苦难有千万种。大多数人只对自己的苦难真正有感觉。每个人都倾向于把巨大的损失和痛苦解释为牺牲,但是为了什么而牺牲,可以有许多不同的解释,乃至首先会令人们产生分歧。

失去信仰造成了巨大差别。在所有这些灾难过后,只有一个超验的宗教信仰或哲学信仰才能屹立不倒。这世上的珍贵之物,已变得支离破碎。虔诚的纳粹党徒只能借助那些比纳粹当政时更加荒谬的思想,去追逐已经废弃的梦想。民族主义者站在(他早已看穿的)纳粹的伤风败俗和德国现实局势之间,不知所措。

所有这些殊异持续导致我们德国人之间关系破裂,更何况我们还缺乏共同的伦理—政治基础。我们共同的政治土壤留给我们共同的阴影。我们可以团结一致立足这片土壤,哪怕有激烈的交锋。我们高度缺乏的是相互交谈和彼此聆听。

太多人根本不想反思，这就令情况变得雪上加霜。他们只求唯命是从，不发问也不回答，只是重复从别人那里学来的套话。他们只会声称和听令，不会审视和洞察，所以也不会被劝服。在需要审慎思考的时候，在通过洞察和说服寻求独立性的时候，这些人根本就不想加入。又如何同他们交谈？

只有我们德国人在沟通中找到彼此，只有我们明知彼此间有天渊之别却仍能学着互相交谈，德国才能恢复元气。

强扭的瓜不会甜，强行一致不会有结果，那只会是灾难中的昙花一现。而通过互相对话和理解达成共识，方可引向团结一体，经久不衰。

当我们陈述典型案例时，诸君不必分门别类对号入座。反观自身者，自负其责。

罪责问题

全世界几乎都在控诉德国和德国人。人们怀着愤怒、恐惧、仇恨、蔑视来讨论我们的罪责,想要惩罚和报复。这些人不仅来自战胜国,还包括一些德国流亡人士,甚至某些中立国成员。在德国,有人决定自己忏悔罪责,还有许多人认为,自己无罪而别人有罪。

可想而知,这是在逃避问题。我们身处困境,大部分同胞直接遭遇如此巨大的苦难,似乎对这样的讨论已然麻木。他们关心的是,什么东西可以消除贫困,什么东西可以带来工作和面包、住房和温暖。人们的眼界变得狭窄,不想听到罪责和过往,对世事无动于衷。他们只想不再受苦,走出困局,想要活着,不想反思。这更像是一种情绪,仿佛在经历了如此可怕的苦难之后,必须得到补偿,或至少也该得到安慰,而不必背负罪责。

话虽如此,即使是那些知道自己受制于极端环境的人,在某些时候也会有去探寻平静真相的冲动。我们已经身陷危难,还被指责控诉，对此我们不能无动于衷，我们也不仅是别人发泄不满的对象。我们想要搞清楚，这种控诉是否公平，有什么依据。因为恰恰在困境中，最不可或缺的东西才越发清晰可见，那便是：无愧于心灵，正当思考并正当行事，从而走出虚无的源头，把握生活。

看清我们自身的罪责问题并从中得出教训，我们德国人对此的确责无旁贷，不容例外。人之为人的尊严，决定了我们义不容辞。世人对我们的看法，我们不能充耳不闻。因为我们自知是人类的一分子，我们首先是人，然后才是德国人。对我们来说更为重要的是，我们自己的生活正处于水深火热、无法自主的地步，只能诚实面对自我才能获得尊严。罪责问题不只是别人加在我们头上的问题，更是我们提给自己的问题。我们在内心深处如何作答，决定了我们当下的生存意识和自我意识。这是攸关德意志之魂生死存亡的问题。只有回答了罪责问题，才能发生根本转变，从而带领我们回到我们生命的源头。战胜国对罪责的诸多解释，尽管对我们的生存影响极为深远并且具有政治品质，但在内心改造这个至关重要的问题上，这些解释帮不了我们。在这个问题上，我们只能独自面对，援引哲学和神学，照亮罪责问题的深处。

探讨罪责问题的时候，各种概念和观点杂烩于一炉，让人苦不堪言。为求真相，须进行分殊辨异。我首先区分出不同模式，用于阐明我们德国当下的局势。尽管这些分殊并非放诸四海皆准，最后会发现我们所谓的罪责肇端，蕴含于一个无所不包的唯一性之中；可是，唯有通过条分缕析，才能把问题说清楚。

我们晦暗不明的感性，不配即刻得到他人信任。基本事实本来就直截了当，我们心灵的现状也清楚直白，但是，感性不像鲜活的事件那样摆在那里,而是通过我们的心理活动,我们的所思、所知传达出来,伴随我们思考的程度得以深化,得到阐明。这种思考不能指望感性。诉诸感性是在回避知识和思考的客观性,是幼稚的表现。只有在对一件事进行全面而具体的思考之后,持续由感情伴随、引导和影响,我们才能获得真实的感觉,那是令我们在任何情况下都能够生存下去的支柱。

第一章 分殊的模式

一、四种罪责概念

1. 刑事罪责

由客观可证的、违反明确法律的行为构成。主管机关是法庭，通过正式诉讼核实案情并诉诸法律。

2. 政治罪责

它包括政治家的行动和一个国家的公民身份。由于我是本国公民，我必须承担本国行动的后果，我受制于本国的权威，并通过本国的秩序获得我的实存（政治责任）。每个人都对自己受到的管理方式负有责任。无论内政还是外交，主管机关都是胜者暴力和胜者意志。胜者为王。只有依靠目光长远的政治智慧，通过承认以自然法及国际法的名义适用的法规，方可减少专制独断与暴力。

3. 道德罪责

对于我一直作为个人所行之事，对于我的所有行为，包括我执行的政治和军事行动，我都负有道德责任。"命令就是命令"一说根本无效。相反，正如犯罪始终是犯罪，即便是奉命行事（尽管根据危险、胁迫以及恐怖程度的不同会相应从轻考虑），每一个行为也仍然受制于道德评判。这里的主管机关是自己的良知，以及与朋友和邻人的沟通，即与关心我心灵的有爱的同胞之间的沟通。

4. 形而上的罪责

人与人之间存在着一种休戚与共，这使得每个人对世界上所有的不公与不义都难辞其咎，特别是对他在场或知情的情况下犯下的罪行。如果我没有竭尽所能去阻止那些罪行，我就是共犯。如果我没有拼命去阻挠杀人行径，而是选择袖手旁观，那么我会有某种负罪感，是法律、政治和道德层面无法作出恰当解释的负罪感。发生了这样的事，而我还活了下来，我身上就烙上了不可磨灭的罪。如果我们运气不好碰上这种情况，我们就走到了一个必须做出选择的极限地带：要么不问目的，无条件地献出生命，反正胜利已经无望；要么，既然不可能胜利，不如选择继续活下去。人与人之间的某个地方，说不定就遇上无条件可讲的情形，要么全部活下来，要么谁都活不成。一旦对张三或李四实施了犯罪，或者关乎到物质生存条件的问题，这就是他们存在的实质。但是，这并不在于所有人的团结，不在于国家公民的团结，甚至不在于小型团体的团结，而仍然限于最亲密的人际关系。这是我们所有人的罪责。主管机关唯有上帝。

区分四种罪责概念，澄清了各种指责的含义。例如，政治罪责尽管指所有公民对国家行为的后果都负有责任，但不意味着每个公民个人对以国家名义犯下的罪行负有刑事罪责和道德罪责。罪行可以由法官决定，政治责任由胜利者决定。道德罪责真正只能在人们彼此团结一致的爱的斗争中决定。关于形而上的罪责的启示，也许在具体的情况下，通过文学和哲学作品可能实现，但在个人交流中几乎没有可能。那些曾经走到无条件境地的人感受最深。但他们经历了碰壁，正是因为他们不能对所有人凝聚这种无条件的力量。挥之不去的羞耻感依旧还在，因为往事不断浮现，无法具体挑明，最多只能笼统地讨论。

罪恶概念之间的区别，应该可以帮我们避免就罪恶话题做表面文章，避免像一个差劲的法官那样，把一切事情毫无差别地拉到一个层面，作出一个和稀泥的判决。不过这些区别最终应把我们引回到一个起源，在那里几乎无法言说我们的罪。

因此，如果不了解被区分的东西在多大程度上也是彼此关联的，那么所有这些分殊都会铸成谬误。每个罪责概念都揭示出诸多现实情况，它们的影响还波及其他罪责概念的适用领域。

假如我们人类能够游弋于这种形而上的罪责之外，我们就成了天使，而所有其他三种罪责概念将变得空无所指。

道德上的失败是滋生政治罪责和违法犯罪的根本原因。无数次细小的松懈怠惰，舒服地适应服从，为不公正行为做廉价辩护，掩人耳目地助纣为虐，参与制造烟幕弹混淆公共视听，从而使罪恶首先有机可乘。所有这一切都有后果，这些后果共同决定人们对既成状态和事件负有政治罪责。

不明确权力在人类共同生活中的意义,这也属于道德层面的问题。掩盖这个基本事实,与错误地把权力绝对化为事件的唯一决定因素一样,都是一种罪过。每个人都命中注定与他赖以生存的权力关系纠缠在一起。这是所有人都无法躲避的罪,是人之为人的存在之罪。可以将权力诉诸法律与人权,从而对抗这种存在之罪。在权力关系的构建中,在为捍卫法律的权力斗争中,如果没有协同合作,那就是一种基本的政治罪责,同时也是一种道德罪责。一旦政治罪责变成道德罪责,那么权力的意义——法律的实现、伦理和本国人民的净化——都会毁于权力之手。因为权力一旦失去自我约束,便会出现暴力和恐怖,最终毁灭生命与灵魂。

大多数个人、广大民众团体在日常行为中的道德生活方式,催生了各自的政治行为,从而产生了政治条件。但个人又生活在历史上业已形成的政治条件下。这种政治条件依靠祖先的伦理和政治成为现实,通过世界局势成为可能。这里存在两种在模式上相互对立的可能性:

政治的伦理是一个国家现实存在的原则,所有人都通过自己的意识、知识、意见和愿望参与其中。腐朽与改良的持续性此消彼长,乃是政治自由的生命,它的实现要靠所有人共同担负使命,分享机会。

另一种可能的状况是,大多数人不知政治为何物,觉得国家权力事不关己,不认为人人有责,而是对政治冷眼旁观,在盲目服从中工作和行动。对当权者的决策和行为无论是顺从还是不参与,都心安理得。面对政治现实,有人视之为陌异之物任由它来去,有人为增进个人利益施计同它周旋,有人以自我牺牲的盲目狂热与它共存。

这就是政治自由与政治独裁的区别。但在大多数情况下,究竟何者占据主导,基本不再是个人能决定的事。一个人生于其中,无论是福还是祸,他都必须接受流传下来的既定现实。事实上,这是我们所有人生活的前提条件,没有哪个人或哪个团体一朝一夕就能改变。

二、罪责的后果

罪责对实存有外在的影响,无论当事人此刻理解与否;罪责对自我意识有内在的影响,当我在罪责中洞悉自身时。

a)刑事犯罪,有罪当罚。先决条件是,法官在不受干扰、自由决定的意志下承认有罪的一方,而不是被惩罚的一方承认他受到了公正的惩罚。

b)对政治罪责,要承担责任,其后果包括赔偿和解、进一步丧失或限制政治权力与政治权利。如果政治罪责与由战争决定的事件相关,那么战败者的后果可能是被毁灭、被驱逐、被斩尽杀绝。或者,如果胜利者愿意,他可以把这些后果转变成合法的形式,从而变成衡量标准。

c)道德罪责,催生洞见,从而产生忏悔和改过自新。这是一个内心层面的变化过程,继而也会影响外部世界。

d)形而上的罪责,导致人类在上帝面前转变自我意识。傲慢被瓦解。这种由内心活动带来的自我转变,可以通向积极生活的新起点。但与此同时,谦卑之中怀着不灭的罪责意识,恭敬面对上帝,使一切外在行动都沉浸于一种氛围,在那里,傲慢再无立锥之地。

三、暴力、法律、恩赦

如果人与人之间不能达成协议,就要靠暴力来解决;所有国家秩序都是对这种暴力的驯服,只不过方式仍然是国家垄断——对内执法,对外战争。在和平年代,这一事实几乎被人遗忘。

一旦暴力随战争登场,法律就会失效。我们欧洲人曾尝试过,通过国际法的规定来维护尚存的一丝正义与法律;即使在战争中,这些规定也依然奏效,并且写进了《海牙公约》和《日内瓦公约》。这些似乎都是徒劳一场。

暴力一旦启用,就会蔓延。胜利者有权决定如何处置战败者,也就是"成王败寇"。留给战败者的选择只有一死了之或任由胜利者摆布。历来选择保命者居多。

法律是人类的崇高思想。人类现实存在的基础固然要靠暴力保障,但并不由暴力规定。人们意识到自身的存在并承认他人亦为人时,就领会了人权,并且以一种自然法为根基;每个人,无论胜败,都可以要求这种自然法。

一旦出现法律的概念,就可以进行谈判,从而通过讨论和科学的程序,找到真正的法律。

然而直到今天,在经历一场彻底胜利之后,成败双方之间,尤其对战败者而言,什么是正确的,在由政治主观行动所决定的事件中,仍然只是一个非常有限的领域。这些事件将为一个积极的事实性的法律提供基础,但本身不再有法律上的正当性。

法律只能负责刑事意义及政治责任意义上的罪责,而不涉及道德和形而上的罪责。

但是，对法律的承认也可以由作为受罚方或责任方的人执行。罪犯可以通过受罚来体会个人荣誉和重生。有政治责任感的人，可以认识到这是命运的安排，从今以后他必须将其作为实存的前提条件。

恩赦行为，是对纯粹法律及破坏性暴力的影响作出限制。相比于法律以及暴力造成的直接后果，一丝人情味会让人感受到更高的真实。

a) 尽管有法律，怜悯亦有用武之地，以便在无法可依时打开公正之门。这是因为，人类所有的法规在效果上都充满缺陷与不公。

b) 尽管有可能发生暴力，胜利者还是会大发慈悲，无论是出于权宜之计——因为战败者可以为他服务，还是出于宽容大度——因为给战败者留活路会提升胜利者的权力和肚量，或者因为，胜利者的良心受制于全人类通行的自然法，即对待战败者应跟对待罪犯一样，尽量不剥夺其全部权利。

四、谁来审判？要审判何人何事？

置身控诉的枪林弹雨，人们会问：谁在控诉谁？只有由观点和主题决定的控诉才有意义，只有明确控诉者和被告身份的控诉才算清楚。

a) 我们首先以四种罪责方式为主线对意义进行划分。被告听见来自外界或自身灵魂的控诉。

从外部看，只有关系到刑事犯罪和政治罪责，这些控诉才有意义。表达控诉，目的是实施惩罚、践行责任。控诉适用于法律和政治层面，而不适用于道德和形而上的层面。

从内部来看，有罪的人听到的谴责与他的道德失误及其形而上的脆弱性有关，而且就政治和刑事犯罪的行动或不行动的起源而言，也与这些有关。

在道德上，人们只能责备自己，不能责备他人，或者，只能责备团结友爱的斗争中的他人。没有人能够在道德上评判他人，除非他在内在的联系中评判他，就像对他自己一样。只有在他人对我就像我对自己一样的地方，才会有亲密可言，从而通过自由交流，使每个人最终在孤独中完成的事情，成为共同的事业。

断言他人有罪，瞄准的不可能是思想感情，而只能是某些行动和行为方式。在对某个人作出评判时，人们固然会考虑思想感情和动机。然而，只有当这些具体到客观标志，即行动和行为方式时，才能做到如实考虑。

b) 问题是从何种意义上可以评价集体、何种意义上只能评价个体。毫无疑问，有必要让一个国家的所有公民对该国实施的行为后果负责。这里瞄准的是一个集体。不过，这种责任是确定和有限的，不涉及针对个体道德和形而上的控诉。这种责任还涉及那些反抗该政权及相关行动的国民。同样地，某些组织、党派及团体成员也负有责任。

针对刑事犯罪只能惩罚每个个体。不论个体是独自实施犯罪，还是系列从犯中的一员，而这些从犯中每个人均根据各自参与犯罪的程度并且至少以其在这个犯罪团伙中的成员身份被追责。强盗绑匪聚众闹事或密谋反叛，整体被视为犯罪性质。那么，只要属于该团伙，就应受到惩处。

然而把一个民族作为一个整体对其进行有罪控诉，是没有意义的。罪犯身份永远属于个体。

把一个民族作为一个整体对其进行道德控诉，同样没有意义。没有一个民族的性格可以涵盖其每一个成员。语言、风俗、习惯、出身上的共性固然存在，不过其中还可能同时存在巨大差异，乃至说着同一种语言的人，却能彼此陌异到似乎根本就不属于同一个民族。

道德评判的对象只能是个体，而非集体。对集体中的人进行观察、定性、评判，这样的思维方式流传甚广。此类性格刻画——如德国人、苏联人、英国人的性格——从来都不是可以涵盖所有个体的通用类概念（Gattungsbegriff），而是个体多少与之相符合的类型概念（Typenbegriff）。混淆通用性与典型化概念，是集体式思维的标志：那些德国人、那些英国人、那些挪威人、那些犹太人，还可随意扩展到弗里斯兰人、巴伐利亚人，或者男人、女人、青年、老年。用典型化方式的确可以切中某些事物，但不应误导人们以为，通过刻画一般特征就可以把握每个个体。这是一种贯穿了几个世纪的思维方式，被当作某些民族或人群彼此仇恨的工具。不幸的是，这种思维方式对大多数人来说是自然而然的、不言而喻的；而纳粹将它发挥到了邪恶的极致，并借助宣传攻势强行植入人们的头脑。仿佛再没有人了，有的只是那些集体。

并不存在一个作为整体的民族。我们为定义民族而预设的一切限定，都会被事实所超越。语言、国籍、文化、共同的命运——所有这些都不会碰巧相遇，而是彼此交叠。民族与国家不会同步出现，语言、共同的命运以及文化亦然。

不能把民族变成个人。一个民族不可能英勇就义、违法犯罪、遵守习俗或伤风败俗，这些行为永远只能属于民族中的个体。民族不可能作为一个整体而有罪或无辜，无论是从刑事、政治意义（这里只有一个国家的公民有责任）上，还是从道德意义上。

把民族作为类型来评判，有失公允；这种做法基于一个错误的定性，会导致个体人格的贬损。

世人的观点把集体罪责归咎于一个民族，这个事实却与几千年来流行的想法和说法如出一辙：那些犹太人有罪，是他们导致耶稣被钉上十字架。谁是"那些犹太人"？他们是某个竭力追求政治和宗教目标的群体，在当时的犹太人中拥有一定势力，他们同罗马占领者合谋将耶稣处决。

这种观点具有压倒性，甚至在有思想的人中也变成了理所当然。它之所以如此令人吃惊，是因为这个错误是如此简单、一目了然。人们就像站在一堵墙的前面，仿佛再也听不到任何理由、任何事实，或者就算听到了，也转瞬就忘，不会产生任何回响。

除政治责任外，不可能存在一个覆盖民族的集体罪责，或者诸多民族内部某个群体的罪责，无论从刑事、道德还是形而上的意义上看。

c) 控告或责备必须是一种权利。谁有审判权？每个审判者都得面对这样的问题：他有哪些权力？审判是出于什么目的，出于何种动机？他在什么样的局面下与被审判者面对面？

没有人需要为道德和形而上的罪责而承认这世上有一个审判席。在爱人面前、在最亲密的结合中可能发生的事情，绝不能交给远离现场的冷静分析。因而，在上帝面前有效的东西，在人类面前是无效的。因为上帝在地球上没有权力代理机关。无论是教会的办公机构,还是国家的对外机关,或者被媒体广而告之的公众舆论,都不是上帝的权力代理。

如果在决定战争走向的局面下进行审判,那么胜利者在判定政治罪责方面就具有绝对的特权:胜利者拼上了自己的生命,决定也是向着他作出的。不过人们会问:"究竟可否允许一个中立者面对公众作出判决,在其缺席战争并且在主要问题上不诉诸其实存和良知的前提下?"(摘自一封信)

如果在同病相怜的人里,也就是在今天的德国人当中,谈及个人的道德罪责和形而上的罪责,那么可以从审判者的态度和情绪里明显感觉出审判权:无论他会否谈及自己参与或未参与的罪责,是发自内在还是从外部出发;无论他是作为自我启蒙者还是作为指控者,从而作为一个亲密的伙伴,为他人提供自我启蒙的机会,还是作为一个纯粹发动攻击的陌生人;无论他是作为一个朋友还是作为敌人发声。在林林总总的前后对立中,只有取前一种情况,他的审判权才毋庸置疑;若是后一种情况,他的审判权就值得怀疑,因为随时都受限于他情感的尺度。

然而,如果谈到政治罪责和刑事罪责,同胞中的每个人都有权,以明确的概念定义为准绳,对事实及其评价作出讨论。政治罪责根据参与(现在已被根本否定的)当局的程度来分级,并且取决于胜利者的各种决定。每个劫后余生并仍想活命的人,都必须比照服从这些决定。

五、辩护

哪里提起控诉,哪里就须聆讯被告。哪里呼唤法律,哪里就需要辩护。哪里发生暴力,哪里就允许被施暴者自卫,只要他可以。

如果被彻底打败的人不能自卫却仍想活下去,那么留给他的就只有一条路,即承担、接受、承认后果。

但是,当胜利者进行推理、作出判决时,只要还有一丝可能,就不能以暴力回应,而只能以非暴力的思想精神。在允许人开口说话的地方,就有辩护的可能。胜利者只要把他的行动对簿公堂,就是在限制他的暴力。这种辩护可以产生如下结果:

1. 辩方可以坚持要求作出分殊。分殊会促成规定以及部分减免罪责,会消除极权主义,谴责的范围也会得到限制。

不作区分地杂烩一炉会导致模糊不清,继而产生现实的后果,无论是有利还是有害,都不公正。通过分殊作出的辩护,会促进公正。

2. 辩方可以陈述、强调和比较事实。

3. 辩方可以求助于自然法、人权和国际法。此类辩护受到以下条件制约:

a) 一个国家如果从一开始就在本国彻底践踏了自然法和人权,后来又通过对外战争在他国摧毁了人权和国际法,那么它就不能要求别人认可连它自己都不承认的东西。

b) 当人们有捍卫法律的权力时,的确拥有正义。当人们彻底无权无势的时候,那么就只有一种可能,即从精神层面幻化理想中的正义。

c) 只有依靠当权者、胜利者的自愿行为,自然法权与人权才能得到承认。那是一种发自洞见和理想的行为,也就是以捍卫正义的形式对战败者施恩。

4. 辩方可以指出,控诉在什么地方不再真实可信,而是被当作武器服务于诸如政治或经济目的(通过混淆罪责概念、引发错误观点),以便为自身行为赢得他人认可,同时自己也心安理得。这些作为法律得到建立,而不是胜利者在"败者遭殃"之际明摆着的一贯做法。然而,恶就是恶,即便是作为以牙还牙。

道德和形而上层面的谴责如不直接予以摒弃,会被用来实现别有用心的政治目的。

5. 通过拒绝法官进行辩护——要么因为有理由认为法官偏袒一方,要么因为事情的性质超乎一个有人性的法官的管辖范畴。

惩罚和责任、赔偿与和解,都要得到承认,但忏悔和重生的要求却不行,因为这些只能发自内心。应对这种要求,唯有以沉默自卫。内心的逆转确有必要,然而重要的是,当它被错误地要求作为一种所谓来自外部的成就时,不要让自己被误导。

具有罪责意识与承认世上存在一个类似法官的主管机关,是两回事。胜利者本身并不是法官。要么,他自己在战争态度上完成了一次根本转变,事实上赢得了正义,而不是纯粹的权力,而且对刑事罪行与政治罪责作出限定;要么,他对某些包含新的罪责的行动,作出错误的授权。

6. 辩护服务于反诉。通过指证他人的行为——那些行为也是灾难发生的原因;通过指出他人也有过同样行为——那些行为在失败者看来是犯罪而且的确构成犯罪;通过指出世间事的普遍关联——那些关联意味着大家都有罪。

第二章　德国的罪责问题

　　战胜国以及整个世界针对我们德国人发起的控诉，令罪责问题掷地有声。1945年夏天，城市和乡村都挂起了海报，上面是关于贝尔森集中营的图片和报道，还有那句起决定性的话："这是你们的罪！"一时间，人们陷入了良心不安，恐惧笼罩着许多事实上毫不知情的人，于是一些声音跳出来反对：谁在控诉我？没有签名，没有权威机构，海报如同横空出世，从天而降。无论控诉是合理还是无理，受到控诉的人都会试图为自己辩护，此乃人之常情。

　　政治冲突中的罪责问题是老生常谈。它曾发挥过重要作用，比如在拿破仑和英格兰的争端里，在普奥之战中。首先把政治跟自身的道德权利和对对手的道德谴责联系在一起的，也许是罗马人。而与之相对的，一面是客观的希腊人的不偏不倚，另一面是古老的犹太人在上帝面前的自我控诉。

　　由战胜者单方面宣布有罪成为一种政治手段，继而在动机上变得不纯,这本来就是一个贯穿古今的罪责。第一次世界大战之后,在《凡尔赛合约》中关于战争罪责问题的讨论对德国十分不利。后来所有国家的历史学家都没有对一个由单方面独自承担的战争罪责作出认定。正如劳埃德·乔治(Lloyd George)所言,当时我们是从四面八方"滑进了"战争。

今时之情形全然不同于往日。罪责问题听来跟从前完全不同。这一次,战争罪责的问题十分清楚。战争由希特勒德国挑起。德国犯有战争罪,乃是因其政府。这个政府主动择时发动战争,罔顾他人意愿。

"这是你们的罪!"如今道出的却远多于战争罪责。那个海报已被遗忘,可我们在那儿经历的事情却依然存在:首先是那个现实,即世界舆论在谴责我们整个民族;其次是我们自身感受到的震惊。

世界舆论对我们很重要。那些人这样看待我们,我们不能无动于衷。罪责会继续成为一个政治手段。按舆论所言,因为我们有罪,所以无论已经降临到我们头上的还是尚未来临的一切灾难,都是我们咎由自取。对于那些要肢解德国、限制德国建设发展、让德国陷入求生不得求死不能永无宁日的政客们,这里存在一个合理解释。说这是一道政治难题,我们无法对之作出决定,面对别人作出的决定也几乎没有发言权——就算我们表现得无可指摘,也无济于事。问题是,把整个民族变成贱民民族,把这个民族推到其他民族的脚下,令其低人一等,在其已经丧失尊严后继续鞭挞凌辱,这样的做法是否具有政治意义,是否合乎目的、毫无风险,是否公正。我们在此不谈这个问题,也不谈政治问题——即对罪责进行忏悔是否必要且合适,在何种程度上必要且合适。可能人们依然要对德意志民族作出裁决。那将是我们能够得到的最残忍的结果。我们仍然希望,政治家的决策以及各国人民的意见能在未来某日得以修正。不过,我们无可抱怨,只有接受。纳粹令我们完全陷入无能为力的状态,在今天这个技术决定一切的世界局势下,我们没有出路。这种状态下,我们不得不如此。

不过对我们而言,更重要的是我们自己如何自我启蒙,如何自我评价、自我净化。那些来自外界的控诉不再是我们的事。而发自内在的控诉——十二年来在德国人心中或多或少明确说出来、被听见过,至少有过那么一时半刻——才是我们眼下尚能拥有的自我意识的起源。途径是:我们无论老少,要以自己的方式从根本上转变自我。我们必须澄清德国人的罪责问题。这关乎我们自身。发生这种情况与外界加在我们头上的控诉无关,尽管我们如此乐于把这些控诉当作镜子。

那句"这是你们的罪"或可意味着——

你们为你们所容忍的那个政府的行为负有责任——此处指我们的政治罪责。

此外,你们还支持并参与了这个政府,这是你们的罪——此处讲的是道德罪责。

当罪行发生时,你们袖手旁观,这是你们的罪——此处暗示一种形而上的罪责。

我认为以上三个命题是真实的,尽管只有第一个关乎政治罪责的命题是直截了当且完全正确的表达,而第二个和第三个关乎法律形态的道德和形而上的罪责的命题,则是不真实且非善意的陈述。

"这是你们的罪"还可能意味着：

你们是那些罪行的参与者，所以你们自己也是罪犯。这种说法对绝大多数德国人而言，显然是错误的。

它最后还可以表示：作为一个民族你们是劣等的，没有尊严，是罪犯，是人类的渣滓，与其他所有民族格格不入。这是集体式思维和评估方式，是大错特错，其本身不合乎人道，因为它把每个个体都归入这个普遍共性之下。

浮光掠影之后，我们再来细查究竟。

第一节　德国罪责的区分

一、刑事犯罪

与第一次世界大战不同，在那次战争之后，我们对于仅由单方面实施的具体罪行无须承认（就连德国的敌国国内的历史研究者也秉持同样观点）；而今，纳粹政府在战前的德国、在战争中各地犯下的罪行，是铮铮的事实。

与第一次世界大战不同，在那次战争之后，各国的历史学家都没有就战争罪责问题给出一边倒的回答；而今，这场战争是由希特勒德国一手炮制的。

与第一次世界大战不同，而今的这场战争终于变成一场真正的世界战争。它用全新的格局和全然不同的知识冲击着世界。对比人类以往的战争，这场战争的意义已经达到了另一个维度。

今天，我们为世界历史写下全新的一页。战胜国成立了一个法庭,纽伦堡诉讼就是针对刑事犯罪而设的。

它首先清晰勾勒出一道分水岭:

1. 站在法庭接受审判的不是德国人民,而是被指控为罪犯的个别德国人,但基本上是纳粹政权的所有领导层。美国的检察官从一开始就作出了这个限定。杰克逊在他的基本陈辞中说:"我们要明确指出的是,我们并不打算谴责全部德国人民。"

2. 嫌疑人不是作为一个整体、而是因某些具体确凿的罪行被起诉。这些罪行在《欧洲国际军事法庭宪章》中皆有明确定义:

(1) 反和平罪:策划、发动或进行一场侵略战争,策划、发动或进行一场破坏国际条约的战争。

(2) 战争罪:破坏战争法规,比如对被占领区民众实施杀害、虐待、驱逐、强制劳动,对战俘实施杀害或虐待,对公共或私人财产进行掠夺,对城市或乡村进行蓄意破坏,或者在非军事必要的情况下实施的任何破坏行为。

(3) 反人类罪:对任意一个文明民族的杀害、灭绝、奴役、驱逐行为,基于政治、种族或宗教原因实施的迫害,以一种犯罪的形式进行,最终须交付法庭裁决。

此外,还确定了责任的范围。参与起草或执行共同计划或阴谋实施上述罪行之一的领导者、组织者、教唆者和参与者,须对任何人在执行这种计划时实施的所有行动负责。

因此,控诉的对象不仅是个人,还包括被定为犯罪性质的组织,包括帝国内阁、纳粹政治精英团、党卫军、帝国保安部、盖世太保、冲锋队、总参谋部、德国国防军总司令部。

在这场诉讼里，我们德国人是倾听者。我们不是发起者，也不是主导者，尽管被告是置我们于灾难的人。杰克逊说："的确，要跟被告算账的德国人，不会少于外面的世人。"

这场诉讼令一些德国人感到被冒犯。这可以理解，就跟另一边因为希特勒专政及其行径而控诉全体德国人是一个道理。每个国家公民都对本国的所作所为及影响负有共同责任，一损俱损。一个犯罪的国家，会令其全体国民一同遭殃。在对待本国国家领导人时，即便他们是罪犯，国家公民也会感到同样待遇。在这些罪犯身上，民众也受到了谴责。于是，国家领导人受到诋毁、失掉脸面，民众也感觉受到中伤、有失尊严，从而出于本能地对这场诉讼起初不假思考地拒绝。

事实上，我们在这里要履行一个痛苦的政治责任。只要政治责任需要，我们就必须经历失去尊严的情况。我们从中体验政治上的彻底失势以及作为一个政治因素如何被剔除出局。

然而现在，一切都取决于我们如何理解、阐释、领会和转化我们本能感受到的刺激。

可能有人会无条件抵制他人的中伤。继而寻根究底，为什么整个诉讼在正当性、真实性、目的性等方面存有争议。

1. 普遍看法是：战争贯穿整个历史，战争迫在眉睫。对战争负罪的不是哪一个民族。是人类的天性，是普遍存在的有罪性，导致了战争。这是一种自称无罪的肤浅的良知。这是一种自以为是，它以眼下的行动促成战争来临。

有人会反驳：这一次不容置疑，是德国系统准备了这场战争，并且在无任何外界挑衅的情况下发动战争。这与1914年截然不同。德国并不是因为战争而背负罪责,而是因为这场战争而负有罪责。而这场战争本身就是世界历史上的崭新事物,它与众不同,史无前例。

这个针对纽伦堡诉讼的指责还有别的表达方式,比如说,这是人类生存中无解之题,它总是把必须通过"援引天堂"来解决的问题推向武力解决。士兵自觉有骑士精神,可如果遇到不讲骑士精神的人,他仍然可能因为战败而被羞辱。

有人会反驳:德国劣迹斑斑,僭越骑士精神,违反国际法,导致种族灭绝和其他非人道行为。从一开始,希特勒的行动就排除了任何和解的可能。结果只有两个,要么胜利要么毁灭。眼下就是毁灭的后果。即便有无数士兵个体以及整个部队并无罪责,并且一直在奉行他们的骑士精神,对骑士精神的任何要求也都是无效的,因为国防军作为希特勒的组织已然接受并执行了具有犯罪性质的命令。骑士精神和慷慨情怀一旦被出卖,便无法再为自身讨回公道。这场战争并不是在志同道合者之间,以骑士精神战斗无望之后才发生的,而是在开端和执行过程中,就充满阴谋诡计和毫不犹豫的全面灭绝之欲。

战争期间仍有可能悬崖勒马。康德的那句"战争中不应出现事后无法和解的行为",被希特勒德国彻底抛却。尽管从史前时代至今,暴力其实大同小异,但如今,暴力的破坏规模由技术决定,并且不可遏止。在当今世界局势下发动战争,这是十分恐怖的事。

2. 有人说:这场诉讼对所有德国人来说是民族耻辱。就算把德国人送上法庭,也得由德国人来审德国人。

有人提出反驳:民族耻辱不在于法庭之上,而在于导致这场诉讼的罪魁,也就是这个政府及其所作所为。德国人必然会意识到民族耻辱。如果矛头指向这场诉讼而不是其发生的原因,那么就走错了方向。

更何况,就算由战胜国任命一个德国法庭或指定德国人作陪审员,也不会改变什么。他们若能坐上法庭,不是因为德国人的自我解放,而是仰仗战胜国的恩赦。民族耻辱依然存在。这场诉讼是以下事实的结果:把我们从具有犯罪性质的政权下解放出来的,不是我们自己,而是战胜国。

3. 有人抗议:如何能在政治主权领域谈论犯罪?假如承认战胜国可以宣布战败国为罪犯,那么来自上帝权威的意义和神秘性就不复存在。一个民族曾经服从的那些人物,被奉若神圣不可侵。人们提到了从前的威廉二世,现在的"元首"。

有人会反驳:此处讲的是一种传统欧洲国家生活中流传下来的思考习惯,它在德国的历史最为悠久。然而今天,国家领导者头上的光环已经消失。他们也是人,要为其行为负责。自从欧洲各民族对其君主进行审判并对其斩首以来,掌控领导层就成了民众的任务。国家行为同时也是个人行为。作为个体的人,要为国家行为负责,并因此而负有连带责任。

4. 法律上提出如下异议:犯罪只能在法律范围内存在。触犯法律就是犯罪。犯罪必须有明确定义,犯罪事实必须清楚可证。尤其考虑到,法无明文不予处罚(nulla poena sine lege)。也就是说,只有在一个行为被实施之前业已存在一部法律,才能按照这个法律作出判决。然而在纽伦堡,判决根据战胜国刚刚出台的法律进行,具有追溯效力。

有人提出反对：从人类、人权和自然法权的意义上，从自由思想以及西方国家民主思想的层面看，法律已经存在，可以为罪行定罪。

　　此外还有条约。假如是在双方自愿基础上签订的条约，就会设立更高级别的法律，以在条约遭到破坏的情况下充当准则。

　　可是主管机关何在？在和平的国家秩序下，主管机关是法庭。一场战争过后，只能由战胜国设立的法庭担当此任。

　　5. 于是又有人抗议：胜利者的暴力不是法律。不能把胜利的一方当作法律与真相的主管机关。不可能存在一个客观上能够调查、并判决战争罪责与战争罪行的法庭。这样的法庭总是具有倾向性。即便是中立方设立的法庭也存在偏斜，因为中立方通常毫无权势，实为战胜国的附庸。只有一个有权力支撑的法庭，可以把决定强加给争议双方，甚至是通过武力，才可能实现审判自由。

　　针对这种法律之虚假性质的反驳意见持续存在：每次战争过后都把罪责推给战败者。战败者是被迫认罪的。战争后的经济剥削被伪装成对罪责的一种补偿。掠夺被伪造为一种法律行为。如果没有自由的法律，就不如直白地使用暴力。这样倒诚实，而且更容易承受。只有胜利者的威力。就其本身而言，胜败双方任何时候都可能相互发出犯罪的指控，而付诸实践的只能是胜利者。他们完全按照自己的利益划定标准，不计后果。其他的东西都是伪装，实际上是有权有势者的暴力和专制。

　　这样虚假的法庭最终表现为，被宣布为犯罪性质的行为，只有在由战败国方面实施时，才会呈堂审判。主权国家或战胜国的同样所为，就被默默忽略，无人问津，更不用说实施惩罚。

有人会反驳：权力与暴力，是人类世界具有决定意义的现实。但并不是唯一的一个。把这个现实绝对化，会突出人与人之间一切丑陋的纽带。只要它起作用，条约就无立锥之地。希特勒所言不虚：条约只有在它符合自身利益时才有效。他也的确是这么做的。然而还有与之相反的意志：尽管承认那种虚无主义版本的效力和权力现实，但仍然认为条约不该是那样，因而须竭尽全力改变它。

因为，在人类事务中，现实并不等于真相。相反，针对这种现实，还有其他现实与之对峙。其他现实是否存在，取决于人们的意志。每个人都应在非受迫条件下明白，他身在何处，意欲何为。

从这样的视野出发可以说，纵然诉讼还无法建立在一个合法的世界秩序之上，纵然它今天还不得不处在政治关系之中，但作为推动建立有序世界的尝试，诉讼并未失去意义。它还没有像一个完备的国家秩序下的法庭诉讼那样启动。

因此，杰克逊公开说："假如允许辩方偏离起诉书漫无边际地指控，那么这场诉讼会无休无止，法庭会卷进无解的政治纷争。"

也就是说，辩方要面对的不是那个跻身历史前提条件的问题，即战争罪责，而只是"谁发动了战争"。另外，不存在对其他相似罪案进行援引或判断的法律。因为政治紧迫性为谈判协商设置了边界。然而却不能因此就说，一切变得失真。相反，困境和异议是开放的，即便简短，却可畅言。

是战斗的胜利，而非法律本身，成为主导一切的出发点。这是一个不容否认的基本情况。无论在大范围内还是小范围内都一样。这在军事犯罪中得到了讽刺性的表达：一个人受到惩罚不是因为触犯法律，而是因为他允许自己被抓。然而这一基本情况并不意味着，人凭借其自由就不能在胜利之后将其暴力转化为法律的实现。即便这个情况未彻底实现，即便法律只产生于有限范围内，也是在通向有序世界的道路上迈进一大步。这个退而求其次之举，本身创造了一个反思和审视的空间，创造了一个清晰的空间，从而也使得对暴力本身的持久意义的认识更加坚定。

对我们德国人来说，这场诉讼有一个优点，它对某些特定的领导层罪犯作出分殊，并未判定整个民族集体有罪。

不过这场诉讼的含义远不止于此。它第一次将战争宣布为犯罪行径，并从中汲取教训，以警来世。凯洛格公约第一次得到了实现。跟许多参与者的善意一样，军事行动的伟大也不至受到怀疑。行动可以看起来异想天开。但是当我们幡然醒悟究竟发生过什么时，我们会为既成之事胆战心惊。区别仅仅在于，我们是否以虚无的狂欢精神假定，这必将是个虚假诉讼，或者，我们是否迫切希望它能取得成功。

这取决于诉讼如何进行，如何实施，如何得出结果、作出论证，审理程序将如何作为一个完整事件刻在人们的记忆里。这取决于，世界是否承认这里发生的事情真实且公正，是否战败国也不得不接受它，是否后世能在这段历史中看得到公正与真相。

然而只靠纽伦堡不能决定一切。关键在于，纽伦堡诉讼能否成为一个有建设性的政治行动的产物，即使政治行动总是与谬误、非理性、残暴和仇恨交织在一起；或者，能否通过这里为人类设定的标准，最终抛开眼下制定标准的列强本身。由此证明，设立纽伦堡法庭的列强共同需要世界政府，从而接受世界秩序的监督。他们证明，他们的确要把对人类的责任当作其胜利果实，而不是为各自国家所用而已。这样的见证，不能是伪证。

两种可能。要么世人发自内心相信，在纽伦堡可以促成公正，从而奠定基石，相信从政治审判中会生出一场法律诉讼，正义能得到匡扶，并且投入一个有建设性的新世界。要么，因审判的失真而大失所望，继而在全世界唤起更加恶劣的、诱发战争的情绪；纽伦堡没成福地反变祸水，世界最终判定这场诉讼是一场虚假诉讼，是一场审判秀。万万不可如此。

于是，我们可以对所有反对这场诉讼的人说：在纽伦堡的确产生了一些新事物。说所有针对纽伦堡的抗议都是潜在威胁，这话没错。然而有两点不对。第一，否认具体的疏漏、错误、紊乱而寻找替代。重要的其实是行动的方向，是列强们在履行责任中展现出的坚定不移的宽容。应通过缔造有序世界的行动，来解决具体事件中的矛盾。第二，从一开始就拒绝诉讼的人，怀着满腔愤怒并保持攻击姿态，也是不对的。

针对纽伦堡一事，就算有更多反驳之词，也是对人类今天必然感受的世界秩序作出的模糊而虚弱的预告。出现了一个全新的情况：尽管一个有序世界并非近在眼前，相反还有暴力冲突和不可预见的战争威胁，然而，对会思考的人类而言，它是可以实现的，像地平线上影影绰绰的朝晖；而一旦整饬秩序的行动失败，人类的自我毁灭就为时不远了。

最无权无势的人，唯有依靠世界整体。既然一无所有，就抓住源头和一切可能。尤其是德国人，要看懂这个预告的特殊意义。

我们自身能否得救，由世界秩序而定；纽伦堡尽管尚未建构这个秩序，却指出了方向。

二、政治罪责

罪犯因犯罪而受到惩罚。纽伦堡诉讼对罪犯的界定,为德国人民卸去负担。但这绝不意味着民众毫无过错。相反,我们自身的罪责愈发清晰见底。

专制政府犯罪之际,我们都是德国国民;这个政府自称为德国政府,并且应自己所需而成为德国,似乎理据充分,因为其手握国家大权,直到1943年之前,并未出现构成威胁的抵抗活动。

任何一个正派的、真实存在的德意志政体,之所以遭到破坏,根源还是在广大德意志民众的行为方式。一个民族对其政体负有责任。

鉴于罪行是以德意志帝国之名犯下的,每一个德国人都负有连带责任。我们集体"负有责任"。问题在于,我们每个人在何种含义下感受到共同责任。毫无疑问,在政治层面,国家的每个成员都要对本国行为负有共同责任。由此却未必需要道德层面的具体行动或理智层面的同谋。我们德国人应该为我们作为德国人所遭受的暴行——那个如同摆脱创伤般的暴行——负有共同责任吗?是的,只要我们容忍过这样一个政府在我们当中产生;不是的,只要我们当中还有许多人在内心最深处反对所有这些罪恶,既不需要任何行动、也不需要任何动机去承认自己的道德罪责。负有共同责任并不等于承认道德层面有罪。

作为国家公民的政治责任,集体罪责有存在的必要,然而却并不因此等同于道德和形而上的罪责,也不意味着刑事罪责。对每一个个体而言,要接受政治责任,联想到可怕的后果,困难程度可想而知。它对我们意味着全面的政治瘫痪和一种贫瘠,强迫我们长期忍受饥寒交迫,徒劳地苟延残喘。不过,这种责任并不触及人的灵魂。

在现代国家,至少通过选举时投赞成票或弃权,每个人都是政治上的行动者。政治责任的意义不容任何人回避。

当事态恶化时,政治操盘手常常事后为自己辩白。不过,对于政治行动而言,此类辩白是无效的。

说我本出于好意,我心本向善,说兴登堡没想毁掉德国,本不想把德国交付给希特勒。这些说法对兴登堡没有任何帮助,他做了就是做了,而且还决定了政治的走向。

又或说我看见了灾祸,说过也警告过。但是,如果并未促成行动或者行动未果,那么对政治仍无任何裨益。

人们可能会想:假如存在完全非政治性的人,一个出世的存在,就像僧侣、边缘人、学者、研究者、艺术家……假如他们真的不问政治,那么他们也就不负有共同责任。

可是政治责任也牵涉到了他们,因为先有国家秩序,才有他们的生活。在现代国家里面,不存在局外人。

人们也许会一反常态,而且只有局限于此方能奏效。我们想要承认并热爱一种非政治性的存在。可是,一旦停止参与政治,非政治性人群便失去评价日常具体政治行为的权利,从而也就无权自行从事无风险的政治事务。一个非政治性的领域还要求自动切断同任何政治现实的关联,但这并非彻底扬弃政治连带责任。

三、道德罪责

每个德国人扪心自问:我何罪之有?

涉及个人的罪责问题，只要这个人洞察自身，我们就称之为道德罪责。在我们德国人当中，最大的分歧正在于此。

诚然，只有个体能把审判中的决定付诸自身；可是，只要我们还在沟通，就可以彼此交谈，彼此扶持，达到道德净化。然而，他人的道德判决始终不会落定——刑事罪责和政治罪责则不然。

当我们觉察到，他人似乎也不打算进行道德反思——我们在论证中只听到诡辩，而他人似乎根本就不听——的时候，也就走到了道德审判的法外之地。希特勒及其党羽，这些千万人中的少数人，只要他们感觉不到道德罪责，也就处于道德罪责领域之外。他们似乎没有悔悟和重生的能力。他们一如既往，能对抗他们的就一如既往只剩下暴力，因为他们自身只依靠暴力而生。

可是，在所有心怀良知、有悔意的人身上，都存在道德罪责。负有道德罪责意味着，有犯罪能力的人（Sühnefähige）原本知道或者可以知道，却还是明知故犯——无论他们心安理得掩饰过往，还是任由自己被麻醉、被误导，无论出于个人私利被买通，还是出于恐惧而服从。让我们来明确一下可能发生的情况：

a）**面具之下**的生活带来了道德罪责，但对于想活命的人来说非如此不可。对危险机关如盖世太保作出谎话连篇的效忠言辞，行希特勒问候礼等手势，参与集会，以及其他诸多造成支持假象的事件。试问我们当中有谁没在某时某刻有过此类罪责？只有健忘的人能在这种事上自欺欺人，因为他想自欺。伪装是我们现实存在的基本特质之一。它重重地压负着我们的道德良知。

b）由**虚假**良知引发的罪责，一旦意识到了，更加令人不安。一些年轻人在恐惧中幡然觉醒：我的良知已经欺骗了我——我还能信赖什么？我曾经以为，我为最高贵的目标牺牲了自己，希望得到最好的。每个以这种方式觉醒的人都会自问，罪责究竟从何谈起，因为看不清楚，因为不想睁开双眼，因为有意把自己的生活隔离在一个"正直体面"的领域里。

在这里首先必须区分军人荣誉和政治意义。因为军人的荣誉意识仍然不受所有罪责讨论范畴的影响。任何对战友忠诚、临危不惧、通过勇气和客观事实证明自己的人，都可以在自我意识中保留一些不可侵犯的东西。这种纯粹的军人气质、士兵精神，同时也是人类的品质，是所有民族共有的。在这里，军人气质的证明不仅不是罪过，而且，如果没有被邪恶的行为或执行明显邪恶的命令所污染，它反而是生命意义的基础。

但是，军人气质的证明不能被拿来同他们为之征战的事业相提并论，军人气质的证明也不会解除其他所有方面的罪责。

将事实上的国家与德国民族和军队无条件地相提并论，是一种虚假良知造成的罪责。谁在当兵时无可指责，谁就可能死于良心的扭曲。如此一来，出于民族感情执行和容忍明显邪恶的事情，便成为可能；于是，便有了好心作恶的情形。

然而，对祖国尽责要比盲目服从某一统治意味深远得多。一旦祖国的灵魂被摧毁，祖国便不再是祖国。如果一个国家毁掉了德意志的根本，国家权力本身就不再是目标，反成祸水。因此，对祖国尽责不等于对希特勒一味效忠，不再是天经地义，即使希特勒德国不惜一切要赢得战争。这就是错误的良知。这不是一个简单的罪责，它同时还是个悲剧式的混乱，尤其是对大部分无知的年轻人而言。对祖国尽责，是投身于整个人类最高尚的要求，它来自我们优良的传统，而不是错误的偶像。

于是令人惊讶的是，明知一切皆为邪恶，怎么还能同军队和国家产生自我认同。因为这种盲目的民族国家观是无条件的，只会被理解为一个日益丧失信仰的世界的最后一寸腐朽之地。这种无条件性，是出于好心的道德罪责。

这个罪责进一步因误解了《圣经》中的一句话而成为可能："政府的权柄，人人都应当服从。"可是，它在军队传统中彻底畸变成异想天开的神圣光环。"这是命令！"无论过去还是现在，这在许多人听来都十分庄严，因为它道出了最高职责。但同时，如果人们耸耸肩膀，把邪恶和愚蠢当作在所难免，那么这句话就成了减负和解脱。这种盲目服从、趋之若鹜，这种发自本能、自觉心安理得、实则抛弃一切良知的行为，是完全负有道德罪责的。

1933年以后，一些人由于厌恶纳粹而披上戎装，因为军队是唯一秉持正义之地，而且这里看似可以不受党派左右，可以与当权者意见相左，可以依靠自身力量存续。

就连这一点也是一个虚假良知，因为在消灭一切老派独立军官之后，所有坐上领导职位的德国军官最终都在道德上堕落了。尽管这些人大都有着和蔼可亲甚至高贵的军人形象，却在虚假良知的误导下徒劳地想要得救。

恰恰当正直的良知和良善的意愿开始占主导时，失望和失落感才愈发强烈。它导致人们去质疑哪怕是最好的信仰，去追问我该如何对我的欺骗、对我陷入的每个欺骗负起责任。

从这场错误中觉醒并自我启蒙，是当务之急。如此，理想主义的青年才会变成正直、道德上可靠、政治上清晰的德国人，从而在谦逊中接过这可怕命运的馈赠。

c) 对民族社会主义的部分认可、半信半疑以及偶尔产生的内部校正、补偿心理，这些也是一种道德罪责，但却不具备此前几类罪责的悲剧特征。

我们当中广泛流传这样的看法，认为事情也有好的一面，随时期待有人主持公道。那时只有激进的非此即彼是真的。一旦我看出恶的原则，那么一切就都是坏的，好的结果也不再是表面看到的样子。因为这个错误的客观性已经准备承认纳粹总归有好的一面，到那时，亲密的朋友也将彼此疏远，无法再打开心扉。有人抱怨不再有为古老自由献身、路见不平拔刀相助、舍生取义的殉道者，同样也是这个人，却可以把消除失业现象（通过扩大军备和欺骗性的金融经济）称为巨大贡献，可以在1938年赞美吞并奥地利是实现古老帝国的统一梦，在1940年怀疑荷兰的中立国地位，为希特勒的侵略辩护，甚至享受起胜利果实来。

d) 一些人悠哉游哉于自我欺骗之中：他们会改变这个邪恶的国家，那个党会再度消失，迟至元首死的那一天。现在必须坚守在那里，以从内部让情况朝好的方向转变。这是茶余饭后的典型论调。

一边是军官："战争一结束，我们就胜利铲除了纳粹；眼下值得同心协力，将德国带入胜利；房子失火要先灭火，而不是先去问纵火者是谁。"另一边答曰：胜利之后，你们会被遣散，安心回家去，只有党卫军持有武器，纳粹恐怖专政会自行降格为奴隶国家。再没人能有自己的人生。金字塔将被建起来，街道和城市按领袖的心情建设改造。一个巨大的军备机器将最终夺取全世界。

一边是大学老师："我们在党内是反对派。我们敢于开诚布公地讨论。我们得到精神实现。我们会把全体德国人逐渐带回到古老的德意志精神轨道上来。"另一边回应：你们搞错了。只要有"随时服从"这个前提条件在，你们享有的就是傻瓜的自由。你们沉默、跟风。你们的斗争是表象，这正中领袖层下怀。你们只是把德意志精神推进火坑。

许多知识分子在1933年加入纳粹，为自己争取到领导角色，公开接受新的权力层的世界观。后来他们在私下被排挤，变得不再情愿；可大多数时候他们却还持赞成态度，直到战局从1942年起明显不利，他们才彻底倒戈。他们觉得纳粹难以忍受，并因此对后来者负有使命。他们自认为是反纳粹人士。多年来，这些纳粹知识分子都有一种意识形态，认为他们自己在精神领域开诚布公地道出真相，维护了德意志精神的传承，预防了毁灭，即是说，他们每个人都做了贡献。

这当中也许还有一些人，因一成不变的思维方式而有罪；这虽与党纲教条并非一谈，却在实际上维护了纳粹的内部态度，尽管他们表面发生了转变，尽管有反对，可他们自己却并不解释。通过这种思维方式，他们也许一开始就跟纳粹党中的野蛮、独裁、虚无的本质息息相通。谁若在1933年时作为一个成熟的人拥有内心确信（这种确信不仅扎根于一个政治错误，而且还植根于一种由纳粹提升的存在感），那么他就不清白，除非是一种重塑（这种重塑必然比所有其他人走得更深远）的结果。谁若在1933年这样行事，他就一直处于内心分裂，并且迫近疯狂；谁若参与种族妄想，谁若抱有一个建设的幻景，他就是活在谎言之上；谁若对已经发生的罪行予以容忍,他就不仅负有连带责任,而且还必须从道德上进行自我更新。他能否做到以及怎样实现这一切,只是他个人的事,外人无从评判。

e) 主动参与者与被动参与者之间存在区别。政治上的行动者和执行者,领导者和宣传造势者,都是有罪责的。假如没有具体刑事犯罪,他们也因其积极行动而负有罪责。

然而我们中的每个人,只要一直不作为,就负有罪责。被动有罪相对上述情况是另一回事。处在失势无力状态,可以脱罪;对重大死亡事件,人们不会在道德层面提出要求。连柏拉图都认为,在绝望状态下、于危难之际掩护自己以求保命,乃人之常情。不过,即便是被动行为,在每次由疏忽造成的失败中,也存在道德罪责,没有为受到威胁者主动提供保护、没有遏制不公、没有作出反抗。适应了失势无力状态的人,总是存在一个可以小心翼翼发挥力量的回旋余地,尽管并非毫无危险。若在瞻前顾后中错过这个机会,个人就负有道德罪责:对他人的灾难盲目不见,心灵毫无想象力,对眼前灾难无动于衷。

f) 外在行动的跟风造成的道德罪责,即跟风而动,在我们许多人身上都有相似,程度不同而已。为了声明他的实存,为了不失去他的职位、不毁掉他的机会,他会成为党员,并获得其他名义上的归属。

没有人会因此完全脱罪,尤其考虑到许多德国人实际上并没有进行调整,并且吃了亏。

必须想象一下 1936 或 1937 年是怎样的局面。那时候党即国家。形势看上去无比稳定。只有一场战争可以推翻这个专政。所有力量都跟希特勒合作。所有人都想要和平。不想完全避世的德国人,或者不想失去工作、不想有损生意的德国人,就必须服从,尤其是年轻人。现在,入党或加入行业协会不再是政治举动,而是国家的恩典,令相关人受益。一个"徽章"是有必要的,外在层面有必要,而内在认同则非必需。当时被要求加入的人,不大可能拒绝。跟风行为的意义取决于,自何种关联之下、出于何种动机才会有人成为党员。每一年、每一种局势都有其独特的辩辞和罪因,只能依据个人情况区别对待。

四、形而上的罪责

道德还总是由内心世界的各种目标所定。从道德上讲,假如事关某种目标的实现,我可以为责任铤而走险。但是,不能从道德上要一个人明知无力回天还去牺牲生命。道德上有承担风险的要求,但并不要求走上一条必沉之船。在道德上,在这两种情况下,仍然需要反其道而行之:不为举世目标做无谓之事,为能立身于世而自我保全。

然而我们身上还有一种源于别处的罪责意识。之所以有形而上的罪责,是因为缺乏同真正意义的人之间的绝对团结。哪怕道德要求失效的时候,形而上的罪责仍然是一种不灭的要求。当发生不公与犯罪之时,我袖手旁观,就是破坏了这种团结。哪怕我冒生命危险谨慎预防,也是不够的。如果事情发生时我在场,其他人被杀害了而我幸存下来,那么我身体里会有一个声音告诉我:我还活着,这便是我的罪。

1938年11月,犹太教堂置身火海,犹太人第一次被驱逐。这些固然属于违法犯罪，但首先还是道德与政治罪责。罪责的两种方式都存在于那些大权在握的人身上。军官们袖手旁观。当罪行发生时，每个城市的指挥官都能够干预。这是因为，为防止犯罪达到警察无法阻止或无力制止的程度，士兵须严阵以待。可他们什么也没有做。在这个时刻，他们放弃了从前令德国军队久负盛名的传统习惯。这些是与己无关的事。为了绝对利己的军队体制，为了那个只讲服从的机制，他们脱离了德意志民族的灵魂。

民众中可能有许多人怒发冲冠，有许多人对即将到来的灾难有所预感，并深受震撼。然而，还有更多人不受干扰地继续自己的营生，继续社交和娱乐，就像什么事情也没发生过一样。这就是道德罪责。

那些完全不知所措、在绝望中无法阻止罪行的人，在意识到形而上的罪责时，已经向改过自新的道路迈进了一步。

五、总结

a) 罪责的后果

我们德国人，每个德国人，都以某种方式有罪；就算我们的辩述并非完全站不住脚，这一点也毋庸置疑：

（1）每个德国人都无一例外地负有政治责任。他必须参与以法律形式达成的和解行动。他必须分担战胜国的行动后果，接受他们的意志决策乃至异议分歧。我们没有能力作为一支权力力量去发挥影响。我们只有持续努力从理性层面廓清事实，认清机遇与风险，才可以参与运筹帷幄。只要方式得当，我们就可以同战胜国对话。

（2）因违法犯罪而受到惩罚的并非每个德国人，而只是很小一部分德国人；另有少部分人，要为纳粹的行动而赎罪。人们可以辩护，判决则交给战胜者的法庭或者由他们设立的德国机关。

（3）每个德国人，即便方式截然不同，肯定都有理由进行道德层面的自我省察。不过在此他需要的不是任何主管机关，而只是他本人的良知。

（4）每个德国人，每个理解这一切的人，在对这些灾难的形而上的经验中，肯定彻底转变了他的生存意识与自我意识。没人可以敦促或计划这一切如何发生。这是个人在孤独状态下完成的事。无论结果如何，都必然成为未来铸造德意志灵魂的基石。

这些分殊容易被诡辩之人所利用，以摆脱全部罪责，比方说：

政治责任——好，不过它只限制我的物质条件，内心层面我根本没有感觉。

刑事罪责——它只涉及少数人，但不包括我——它与我无关。

道德罪责——我听说，只有本人的良知才是主管机关，其他人不得对我横加指责。我的良知跟我相安无事。没什么大不了，干脆一笔勾销，重新来过。

形而上的罪责——如前所述，没人可以完全要求他人承认这个罪责。我得彻底改过自新，才能感知到这个罪责。这好似一个哲学家的突发奇想。没有这样的事。就算有，我也感觉不到。这种事我听天由命了。

我们对罪责问题的条分缕析，可能变成帮人开脱自身罪责的技巧。区别尽收眼底。它们可以掩盖问题的源头或别的什么。

b) 集体罪责

在对罪责特征进行分隔之后,我们最终回到集体罪责这个问题上来。

尽管这种分隔在任何时候都堪称正确明智之举,但也带来了上述诱惑,让人以为可以通过这样的划分逃避控诉,减轻负担。在集体罪责中无论如何始终不容忽略的东西,已经因此消失不见。集体式思维与对集体的谴责都是粗暴行为,它不会阻碍我们具有共同归属感。

说到底,真正的集体是所有人共同归属上帝。每个人在任何时候都可以脱离他的国家、民族、团体的束缚,继而挺进人与人之间无形的团结之中,同样成为具有善意的人,成为担负人类共同罪责的人。

从历史上看,我们始终依附于更亲密、更狭小的共同体;如果没有它们,我们会坠入无底深渊。

政治责任与集体罪责

首先须重申事实。人们的评价和感觉都将一如既往地以集体思考的方式在整个世界上得以实现。德国人,无论他是谁,如今在举世范围内都被视作无人愿与之发生任何关系的人。即便是德国犹太人,在国外也被当作德国人而不受欢迎,且基本被当成德国人,而不是犹太人。由于这种集体式思维,政治责任同时也被认为是通过道德罪责进行惩罚的正当理由。这种集体式思维在历史上屡见不鲜。野蛮的战争把一个民族整体控制起来，百姓遭到掠夺、强暴，被变卖为奴。与此同时，不幸的人们还要忍受胜者宣判他们道德崩坏。他们不仅要屈服，还要认罪、赎罪。只要是德国人，无论基督徒还是犹太人，都是邪恶的灵魂。

世界舆论广泛传播（尽管没有一个普世观点），这个事实总是一再要求我们，不要把对政治责任和道德罪责的简单区分当成自卫的武器，而要检视集体式思维中可能包含的真实成分。我们不会放弃这种分殊，不过会用下面这句话对其作出限制：导致连带责任的行为，要在政治的整体状态下才成立（这些整体状态同时具有道德性质），因为它们共同决定了个体的道德。个体无法完全与这些状态相分离，因为无论他是否意识到，他都是作为整体的分支而存活下来的，乃至他根本无法遁出其影响范围，哪怕他是一个反对者。在我作为个体参与的人群的生活方式中，存在着某种类似于道德上的集体负罪感，而政治现实就是从这种生活方式中产生的。

由于政治状态与人们的总体生活方式无法分割。政治和做人之间没有绝对的分离，只要人不像隐士一样自生自灭。

政治状态塑造出瑞士人、荷兰人，漫长的各个时代把我们所有德国人教化成今天的样子。我们驯服，有君臣思想，对政治现实漠不关心、不负责任——多少就在我们身上，即便我们反对这些态度。

实际上，整个民众担负着所有国家行为的后果，民众必须为统治者的疯狂赎罪[1]，这绝对是经验之谈。民众明白自己的连带责

---

[1] 原文拉丁语，贺拉斯的名言。——译者

任,这是其政治自由成熟的第一个标志。只有当这种认知存在并被认可时,自由才真正存在,而不仅仅是不自由的人对外提出的一种要求。

一方面,内在的政治不自由要求人们服从;另一方面,它又让人不感到内疚。知道自己有责任,是内心变革的开始,而内心的变革是政治自由想要实现的目标。

例如,在国家领导人的观点中,显示了自由和不自由精神的对立。有人说:民众对他们喜爱的领袖们负有罪责吗?比如法国人对拿破仑?有人认为:绝大多数人还是跟随其后,冀求拿破仑获得的权力与名望。拿破仑之所以成为可能,是因为合了法国人的心意。他的伟大在于,握住了广大群众心之所向——他们想听到什么、想看到什么景象,他们想要怎样的物质现实。伦茨所言在理:"与法兰西天才相适应的国家已经出现了吗?"是的,一个部分意义上、某种情况下的天才,但不是一个民族的天才!谁能以那样的方式确定一个民族的天才呢?同一个天才也能缔造出完全不同的现实。

也许有人会想:就像一个人要为他所选择的爱人负责,被婚姻所束缚,在命运的共同体中徘徊一生一样,一个民族也要为它所顺从的人负责。错误是一种债务,人们必须无奈地承担其后果。但是,这种看法恰恰有误。婚姻当中可能并适当的东西,也就是对一个人无条件的承诺,放在国家里,从原则上讲就是堕落。追随者的忠心属于小圈子和原始环境下的非政治性关系,而应用到自由国家,便是对所有人的控制和改变。

因此有了双重罪责:一是在政治上无条件地屈服于一个领

袖，二是令人屈服的领袖的资质。卑躬屈膝的气氛，可以说是一种集体罪责。

自己意识到的集体罪责

我们对家庭成员的行为感到某种程度上的共罪。这种共罪关系不能被客观化。我们会驳斥任何形式的株连制度。然而出于相同的血缘关系，当我们的家人做错事时，我们会感到受影响，因此也倾向于根据其行为的性质以及遭遇不公平对待的人的情况，去做出补偿，即便我们在道德和法律上没有责任。

于是德意志人，也就是说，讲德语的人，受到来自德意志人的一切影响。我之所以受到影响，并不是出于德国公民的连带责任，而是由于我作为德意志精神和灵魂生活中的一员，与其他人语言相同、出身相同、命运相同。这并不构成一个有形罪责存在的理由，可以类比为共同犯错。

我们还感到自己不仅参与了当下之事、参与了同时代人的所作所为，而且还对历史的传承负有责任。我们必须接受父辈的罪责。在德国生活的精神条件下会出现这样一个专制政府，我们所有人都为此负有罪责。这虽然不代表我们必须得承认，"德意志的精神世界"、"德意志过去的精神"，终归是纳粹恶行的渊源；但是它却意味着，在我们的民族传统中掩盖了一些东西，它强大而具有威慑力，这些东西说明我们传统习俗的腐朽。

我们不是以个人、而是以德国人的身份认识自己。每个人都是且历来是德意志人民。谁不知道他一生中有这样的瞬间：他怀着对民众的敌意和绝望对自己说，我就是德国，或者与民众同声高呼：我也是德国！德意志性除了这些个体，什么也不是。于是，要求转变、重生、抵制腐朽，是每个人对德意志民族应尽的义务。

由于我无法停止从内心深处感觉到集体，所以做德国人于我而言就不是既成现实，而是未竟任务。这绝不意味着对民族进行绝对化。我首先是人，跟其他集体毗邻，有义务为了在灵魂上为融入他人而接近或远离所有我眼之所见的群体；由于这种亲近，某些时候我可以感觉自己几乎是犹太人、荷兰人或英国人。然而，在这一点上，作为德国人的事实，即基本上生活在母语中，是如此持久，以至于我发现自己对德国人的所作所为负有共同责任，这种责任不再是理性上可以理解的，而是理性上可以矛盾的。

我感到亲近的德国人，他们亦有同感；而那些从内心拒绝这种关联的德国人，我则对之感到疏远。这种亲近首先意味着那个共同的、令人振奋的任务，不是是德国人（像人们一度所是），而是成为德国人（人们还没有做到，但应该去做）。这样的呼唤，人们是从我们的高尚感知中，而不是从民族偶像的历史中听到的。

因为我们感受到集体罪责，我们才感受到从源头上对人之存在进行更新这个总体任务，这是地球上所有人的任务，但它来得更迫切、更具体，对所有的存在都是决定性的。在一个民族由于自己的罪过而一无所有之际，这个任务就浮现出来。

作为哲学家，我眼下似乎完全没了概念。事实上已经无话可说，能记起的只有消极负面的事；我们的所有分殊不能就此入土为安，纵然我们认为它们真实存在且无法从头再来。我们不能带着这些分殊去解决问题，为我们自己解压。我们带着这份压力继续我们的人生道路，藉由这份压力让最珍贵的事物日益成熟，那便是我们灵魂的永恒本质。

第二节　道歉的可能性

我们自己，以及愿意善待我们的人，都有心减轻我们的罪责。有一些观点认为，通过一个较温和的判决，可以更敏锐地把握和描述每种罪责的性质。

一、恐怖主义

纳粹专政下的德国是一座监狱。置身这座监狱，就是政治罪责。然而一旦监狱的各道大门关闭，就无法从内部攻克它。被监禁者的罪责一直存在并且还有新的罪过，在探讨这些罪责时，人们总会提出这样一个问题：接下来还能怎么办？

在监狱里，让囚犯为看守的暴行负责，显然有失公允。

有人说，成百万的工人、成百万的士兵本可以揭竿而起，可他们并没有那样做，他们为战争工作、奋斗，所以他们有罪。

有人反驳：一千五百万外籍劳工跟德国工人一样，曾兢兢业业地为战争服务过。要说他们发动过倒戈行动，实无凭证。只在最后几个星期，当德国败局已定，外籍劳工似乎才展开成规模的行动。

在群龙无首的情况下，不可能发起更大的行动。对一国的民众提出要求，即便针对的是一个恐怖国家，也是不可能的事。这样的造反只会以散兵游勇、在无组织无联系的情况下发生，从始至终都是匿名的，结果也不为人知，相当于在寂静中溺亡。只有少数例外能够通过特殊机缘为人所知,不过也只能是口头流传,传播范围有限(比如绍尔兄妹,德国大学生,慕尼黑胡伯教授的英雄事迹)。

人们提出控诉的方式令人惊诧。弗朗茨·韦尔弗在希特勒德国崩溃后不久,立即针对全体德国人民写了一篇毫不留情的控诉檄文。他说:只有那位尼莫勒作出了抵抗。在同一篇文章里,他还谈到了数十万集中营的人遇难者——为什么?因为他们也有过反抗,哪怕大多只是口头上。然而他们是匿名的殉道者,他们毫无回响地销声匿迹,只会令一个事实更加明确,那就是当年他们没有反抗的可能。到1939年之前,集中营还只是纯粹的德国国内事务,后来也大都由德国人来打理。1944年,政治犯的人数每个月都超过了四千。直到最后仍有集中营存在,这就证明了德国国内是有反抗的。

在这些控诉中,我们偶尔会听到某种法利赛主义的腔调。那些人避开了危险,并未受到恐怖的胁迫,即便遭受过生活在国外的移民之苦,而眼下,他们的移民行动被视为贡献。面对这样的声音,我们自认为有理由心平气和地为自己辩护。

的确存在正义者的声音,这些人看穿了恐怖机器及其下场。怀特·麦克唐纳在1945年3月的《政治》杂志上说:恐怖统治与受迫于恐怖高压统治而不得不为的罪责,登峰造极于另一种形式——杀人或被杀。一些指挥官,奉命开始杀人。麦克唐纳说,但他们拒绝从命,拒绝参与暴行,结果也被枪杀。

汉娜·阿伦特有言:恐怖催生了惊人的现象,德国人民参与到了领导人的罪行当中。服从者变成了共犯,虽然范围有限,但却是人们始料未及的那些人,包括一家之父,勤劳公民,尽职尽责者——他们尽职尽责地工作,也尽职尽责地杀人,奉命去执行集中营里的其他勾当。[1]

二、罪责与历史关联

我们要对原因与罪责区别对待。对事情为什么会走到这一步、为什么非如此不可进行阐述,无奈会被当作脱罪的借口。原因是看不见的、受迫发生的,罪责则是睁眼去做、非受迫所为。

我们对政治事件往往就是这样做的。历史的因果关系似乎解除了人民的责任,因此,当灾难的不可避免性似乎可以从有效原因中得到理解时,人们就会感到满意。

许多人倾向于在涉及他们目前的行动时接受和强调责任,他们希望通过外在的限制、条件和要求来减轻其行为的任意性;但另一方面,在失败的情况下,他们倾向于拒绝承担责任,而选择所谓的不可避免的必然性。人们只是去谈什么叫责任,从来没有体验过。

与之相应,这些年里人们总是听到这样的话:如果德国打赢这场战争,就是党赢得了战争并且收获了功绩;如果德国输了,那么就是德国人民输了,并且背上了罪责。

然而,在历史上的因果关系中,只要人类行为本身是一个因素,那么原因和责任就不可分离。只要作出的抉择影响了事件,那么构成原因的东西就集功过于一身。

---

[1] 汉娜·阿伦特在她的文章《有组织的罪责》(Organisierte Schuld)(收入《转变》(Wandlung),第四册,1946年4月;首先以英文版刊登在《犹太前线》(Jewish Frontier),1945年1月)中以客观清醒的笔触作过表述。

但不因意志和抉择而发生的事，同时却总是人的任务。自然所赋予的东西如何发挥效果，也取决于人们如何看待它，如何处理它，如何运用它。历史知识在任何情况下都不会把事件的过程理解成必然。这种认识，就像它永远无法做出某种预测一样（类似于天文学中可能出现的情况），也无法在逆向观察中认识到整体事件与个体行动的不可避免性。在这两种情况下，上述历史认知看到了可能性的空间，在同过去的关联中，这个空间会更为丰富而具体。

历史社会学的洞见及其勾画的历史图景，本身又是事件的一个要素，因此事关责任。

在给定的条件下（这些条件仍然在自由之外，因此在罪恶和责任之外），人们首先谈到的是地理条件和世界历史格局。

1. 地理条件

德意志的边境四面开放。若以国家视之，必须时刻加强武力巡防。在孱弱之时，德意志成为西、东、北乃至南方（土耳其）等国的猎物。因其地理位置，德意志从未有过高枕无忧的太平日子，这一点不像英格兰，更不像美利坚。英格兰可以为实现其国内的卓越发展而承受数十载的外交无能和军事软弱，而它却还没有被占领过。最后一次入侵发生在1066年。像德意志这样没有明确边界线的国家，要作为一个民族体存续下来，无奈只能变成军事国家。很长一段时间以来，这个任务主要由奥地利来完成，后来落在普鲁士头上。

各自国家的特殊性及其军事性质在德意志其他地区留下印

记，使人总觉得处处是外国的东西。有必要掩盖这样一个事实：在德意志，统治者基本都是外国人，尽管也有过德国人。或者说，小邦分治的贫弱无力把德意志拱手推给了外国。

如此一来，不存在一个永久有效的中心，而只有临时的中间点。德意志的中心不断更换，结果，每一个只能作为德意志的一部分，各自为政。

所以实际上并没有一个令德国人心之所向的精神中心。就连我们的经典文学和哲学也不属于德意志人民，而只归一小部分有教养阶层。它们逾越了德意志的一切边界，就像说德语的人不只在德意志一样。而且，在这个领域不存在众志成城、奋发图强的可能。

可以说，地理位置既迫使军国主义产生了普遍的服从、奴性、缺乏自由意识和民主精神等后果，又使每一个国家结构都不可避免地短暂出现。只要拥有了有利的环境和异常审慎、卓尔不群的政治家，一个国家就能持续一段时间。一个不负责任的领袖可以令这个国家、令德意志走向政治毁灭。

尽管所有这些考虑的基本特征都很正确，不过对我们来说，至关重要的是，这里不存在绝对必然性。形成哪种军事形式，是否出现英明的领袖，绝不是地理位置的结果。

罗马人处在相似的地理位置，他们的政治能量和团结谨慎，促成完全不同的结果。他们统一了意大利，终于缔造了一个世界帝国，尽管他们最后也毁灭了自由。对共和时期罗马的研究可谓攸关利害（因为这样的研究显示出，军国主义的发展与帝国主义如何令一个民主国家的人民丧失自由）。

如果地理条件仍然留有自由的余地，那么会有人说，是人民的自然性格决定的，在罪责和责任之外。现在，它成了一个给出误评的手段，要么抬高，要么贬低。

可能在我们鲜活生命的自然基础中存在着一些东西，这些东西对灵性的极致有一些影响。但我们可以直言，我们对它几乎一无所知。直接印象造成的直觉，既显明又具迷惑性；在当下有说服力，长远看却不可靠。任何人种学都无法把直觉提到更高的认知水平。

事实上，人民总是借助具体的历史现象去描绘民族的性格。然而，这些历史现象总是某些事件及其造成状况的结果。它们每一个都是一组现象，只作为其他类型中的一种发生。在不同情况下，完全不同的、原本隐藏的性格侧面会显现出来。很可能存在一种与生俱来的性格以及天赋，只不过我们全然不识其为何物。

我们决不能把我们的责任推开不理，而是必须作为人自由认识所有可能性。

2. 世界历史格局

德国在世界上如何立足，世间发生了什么事，其他国家怎样对待德国，这些对德国来说更加重要，因为身处中间这个不受保护的地理位置，使德国比其他欧洲国家更容易受到外部世界的影响。于是，兰克关于外交政策优于国内政策的说法固然适用于德国，但在历史上根本不适用。

我不是在介绍过去半个世纪的政治背景。这些政治关联当然不会对德国的既成事实无关紧要。我只是放眼于一种内在的、精神性的世界现象。也许可以说：

在德国爆发的是整个西方世界的精神和信仰的危机。

这并不能减少罪责，因为是在德国而不是在别处爆发的。不过它使我们从绝对的孤立中解放出来。这对别国的人来说变得有指导意义。这关系到每个人。

世界历史格局中的这种危急情况不容易界定：基督教和圣经信仰的效力普遍下降，信仰缺失后寻找替代品，技术和事件运作方式带来社会转型。从事件性质出发可见，这种社会转型不断导向社会主义制度。在这种制度中，广大民众，每个人，都应获得人之为人的权利。这种状况可谓随处可见，时弱时强。于是有人说：必须得改变。在这种情况下，最受打击的人，最能意识到自己的不满，跑去寻求解决方案，哪怕操之过急，哪怕欺世惑众，哪怕颠倒是非。

在一个令世界震惊的过程中，德国就这样晕晕乎乎地走偏了路，跌进深渊。

三、他人的罪责

还没有明白自己罪责的人，就会倾向于反诉控告他的人。

此刻出现在我们德国人当中的反咬一口的现象，往往表明我们还没有理解自己。可是，灾难来临之时，我们每个人最关心的都是如何撇清自己。我们要从存在的本源出发实现新生活的基础，只能通过毫无保留的自我洞察。

这并不意味着，当我们审视其他国家时不能看到什么是事实，因为德国最终要靠这些国家从希特勒的枷锁下解放出来，而我们的未来生活也要委托给这些国家决定。

我们必须并且应当向自己表明,是什么通过他人的行为使我们的处境在内心和外表上变得更加困难。因为他们所做的和将要做的都来自于这样一个世界,我们要寻找自己的路,得完全依赖这个世界。我们必须避免幻想,既不能陷于盲目拒绝,也不应盲目期待。

当我们谈及他人的罪责时,这个词可能会产生误导。如果他们通过自己的行为促成事发,那就是一种政治罪责。讨论政治罪责时我们须臾不可忘记,它与希特勒的罪行处于不同领域。

对我们来说,有两点似乎至关重要:一是1918年以来战胜国的政治行动,二是它们在希特勒德国扩张之际的袖手旁观:

1. 英、法、美是1918年的战胜国。世界历史的进程在它们手中,而不在战败者的手中。战胜国要么承担专属于它们的责任,要么逃避之。如果它们选择逃避,它们的历史罪责就很明显了。

战胜国如果只退回到它们的小天地里躲清净,眼睁睁看着世界上发生的其他事情,是不可行的。当一个事件宣告灾难性后果时,它们有权力阻止。不使用这种权力,是拥有权力的人犯下的政治罪责。如果它们只限于纸上谈兵,就逃避了自己的任务。我们现在指责战胜国不作为,但并不能免除我们的任何罪责。

我们可以参照《凡尔赛和约》及其后果进一步讨论这个问题。然后,再讨论德国滑向怎样的状态,才产生了纳粹。我们可以继续指责对日本入侵满洲的容忍,这是第一次暴力行动,如果它成功了,日后一定会为后人效仿;我们可以指责对1935年阿比西尼亚战争、对墨索里尼暴力行动的容忍。我们可以对英国的政策表示遗憾，英国在日内瓦国际联盟中通过决议打败了墨索里尼，但让这些决议一直停留在纸面上，现在没有真正消灭墨索里尼的意愿和力量。但也没有明确的激进主义，无法与墨索里尼反向联合、慢慢改造他的政权、反对希特勒，以确保和平。墨索里尼当时准备动员西方大国反对德国，正如他在1934年所做的那样，并在希特勒准备入侵奥地利时发表了威胁性的演讲，只是后来为人遗忘。这种见风使舵的政策，随后促成了希特勒和墨索里尼的联盟。

但不得不说：没有人知道，如果采取了其他决定，后果会是什么。最重要的是：英国人还奉行道德政策（这在纳粹看来甚至是英国的弱点）。英国人因此不能顺利做出任何政治上有效的决定。他们想要和平。他们想在不得不出兵外征之前，抓住每一个维持和平的机会，善用这些机会。只有在明显无望的情况下，他们才会拿起武器。

2. 不只有国家公民之间的团结，还有欧洲和全人类的团结。

无论是否有理，当德国监狱的大门被关上时，我们都祈望欧洲能够团结起来。

我们对刚刚过去的恐怖后果和罪行并无预感。但我们看到了自由的彻底丧失。我们知道，如此一来，当权者就可以恣意妄为。我们看到了不公正，看到了被拒绝，即使跟后来岁月里发生的事相比，这些是小巫见大巫。我们知道有集中营，却不知道里面发生的暴行。

我们陷入了这种政治状态，失去了我们的自由，不得不生活在没有文化的粗鄙之人的专制之下。这些当然都是我们所有德国人的错。但与此同时，我们也可以通过对自己说——我们已经成为隐蔽的交织着法律犯罪和暴力行为的受害者——来减轻愧疚。正如在国家中,被犯罪伤害的人通过国家秩序获得正义,所以我们希望,欧洲秩序不会允许这种国家犯罪情形出现。

我无法忘记1933年5月在我家与一位后来移民、现住美国的朋友促膝交谈。当时我们憧憬着西方列强马上出兵。他说:如果他们再等上一年,希特勒就会得逞,德国就会失败,也许欧洲也会失败。

在这种情况下,由于伤到了元气,我们对某些事目光锐利,而对另一些事则茫然无知,我们还是经历了下面的事情,恐惧也一再卷土重来:

1933年初夏,梵蒂冈同希特勒签订了一个协约。帕彭领衔谈判。这是对希特勒专政的首次重大肯定,令希特勒收获巨大威望。起初看似不大可能。不过这是事实,我们听命于恐怖。

所有国家都承认希特勒政权。人们听到遍地惊叹之声。

1936年,柏林举办了奥运会。整个世界都涌向那里。我们愤怒而痛苦地看着每个到会的外国人,因为他们置我们于危难而不顾——可是他们跟许多德国人一样对此也一无所知。

1936年,希特勒占领了莱茵兰地区,法国容之忍之。

1938年,《泰晤士报》刊登丘吉尔致希特勒的一封公开函。上面有这样的句子:若英国跟德国一样陷入1918年遭遇的国难,那么我会祈求上帝,给我们一位拥有您那样的意志和思想的人物。(我记得原文,但此处还是引用了勒普克书中的文字)

1935年,英国通过里宾特洛甫同希特勒签订了海军协定。这对我们意味着:英国如果只能与希特勒维持和平,那么也就是放弃了德国人民。他们对我们漠不关心。他们还没有承担欧洲的任何责任。他们不仅在罪恶滋长的地方袖手旁观，而且还对罪恶予以容忍。他们眼看着德国沦入一个恐怖主义的军国国家。尽管他们的报纸也发出了痛斥，但他们毫无行动。我们德国人孱弱无力，以为他们眼下或许还可以，在无须付出太多的情况下，帮助我们重建和平。但他们没有那么做。他们尝到后果，付出了更大的代价。

1939年，苏联同希特勒签订协议。在这最后的时刻，希特勒的战争可以打响了。战争刚开始的时候，所有中立国家以及美国都置身事外。世界各国没有站在一起，为尽快消除魔鬼而进行唯一的一次协同合作。

最近勒普克在瑞士出版了讨论德国问题的新书。书中这样描述1933到1939年间的整体局势：

> 当今的举世灾难是世界各国必须付出的巨大代价。从1930到1939年以来，来自地狱的警报日益振聋发聩，可是各个国家假装听不见。这些警报宣告纳粹具有魔鬼撒旦的力量，目标先是德国，接着是全世界。这场战争之恐怖与世界放任在德国进行的其他战争完全一致。这个世界甚至同纳粹建立正常关系，并与纳粹共同组织国际庆典和大会。
>
> 今天，每个人都应该意识到，德国人是野蛮人入侵的第一批受害者，他们是最先被恐怖和群众催眠术彻底淹没的人；后来被占领的国家不得不忍受的一切，首先都施加在了德国人自己身上，包括最糟糕的命运：被塑造或被引诱成为进一步征服和压迫的工具。

生活在恐怖之下的我们,被指责在罪行发生之时、在专制日益强大之际,袖手旁观。此言不虚。请允许我们记住,其他没有遭受恐怖的人,也同样坐视不理,甚至无意中助纣为虐,因为事情发生在另一个国家,他们认为事不关己。

我们应该承认有罪的只是我们吗?

应该!只要想一想:是谁发动战争,是谁首先为达到战争目的全力推行恐怖组织,又是谁作为一国之民,背叛和抛弃了自己的本性。

再进一步:是谁犯下了独一无二、逾越一切的暴行。怀特·麦克唐纳说,各方都爆发了许多战争暴行,但一些是德国人独有的:毫无政治意义的偏执狂般的仇恨,采用所有现代技术手段合理地执行酷刑,其残酷性超越所有中世纪的酷刑工具。不过那只是少数德国人,一个小团体(他们的边界并不明确,他们按命令行事)。德国的反犹主义在任何时候都不是民众性行动。没有民众参与德国大屠杀,没有发生过自发的针对犹太人的暴恐行动。人民大众保持沉默,退居事外,他们不能表达任何微弱的逆反情绪。

我们应该承认,有罪的只是我们吗?

不应该!假使我们作为整体、作为人民,持续退化成邪恶之民,成为本身有罪之民。我们可以援引事实,来反驳世人假定的这个观点。

然而,只要我们永不忘记旧事还会卷土重来,此类讨论就不会危害我们的内心世界:

(1)所有可以归咎于他人、归咎于自己的罪责,都不是希特勒德国所犯罪行的责任。这是他们当时一种放任和半途而废的做法,是他们的一种政治癫狂。

说敌人在战争结束后也把监狱当作集中营,实施了德国原先进行的战争行为,这是次要的。这里没有提到停战以后发生的事,没有提到德国曾遭受的、并且在投降后继续遭受的痛苦。

(2)我们探讨罪责是为了洞悉我们自身的罪责。即使我们讨论他人的罪责,也是为了这个任务。

(3)说"别人不比我们好多少"也许是对的。但此刻这句话被误用了。因为在过去的十二年里,总的来说,别人的确都比我们做得好。一般性的真理不应拿来为自身罪责的特殊现实开脱。

四、所有人的罪责?

如果有人在面对列强政治行为的不一致时说,到处都是不可回避的政治,那么答案是:这是所有人共同的罪过。

把他人行为具象化,其意义不在于减轻我们的罪责,而是出于一个合理的理由,即我们作为人与所有其他人共同为人类而担忧。人类今天作为一个整体,不仅已经有了意识,而且基于技术时代的结果,正在努力谋求他们的秩序,或者,错失秩序。

我们皆为人,这一基本事实使我们有权对整个人类的状况表示担忧。假如战胜国不是跟我们一样的人类,而是无私的世界君主,那将是多么大的宽慰。那样一来,他们将会带着远见以及一种有效的和解之道,引领重建幸福生活;那样一来,他们将会以实际行动和榜样行为成为我们民主条件的理想示范,让我们每天感觉到这是一个令人信服的现实;那样一来,他们就会在合理、公开、排除私心的讨论中达成一致,迅速对出现的所有问题做出明智决策;

那样一来，就不可能有欺骗、虚假、隐瞒，就不会有公共和私人言论之间的区别；那样一来，我们的人民就会得到出色的教育，我们的思想会在全体人民中获得最活跃的发展，我们就会拥有最丰富的传统；那样一来，我们即便会受到严厉对待，但也是以公正、仁慈，甚至可以说是慈爱的方式，只要他们对不幸的人和误入歧途者做出最轻微的让步。

可是其他人跟我们一样。而人类的未来就掌握在他们的手上。作为人类，我们用我们的整个生命以及我们本性中的诸多可能，与他们的所作所为及其行为的后果联系在一起。正因如此，我们要像对待自己的事情一样去感知他们的所图、所想、所为。

出于这个担忧，我们自问：其他民族会由于更有利的政治命运而比我们更有福气吗？或许他们会犯跟我们一样的错误，但却没有发生迄今为止将我们带进深渊的灾难性后果？

他们会拒绝接受我们这些堕落和不幸的人的警告。他们也许不会理解，甚至认为德国人担忧历史走向是狂妄自大，因为决定历史走向的是他们，不是德国人。可事情是这样的，一个念头像噩梦一般萦绕着我们：如果美国有一个希特勒那样的独裁专制者，那就完了，在可预见的未来，再也看不到希望。我们德国能够由外而内地获得解放。一旦存在独裁统治，就不可能从内部解放。假如益格鲁-撒克逊世界像从前的我们一样，国家内部出现了独裁统治，那么也就不再有外部世界，无解放可言。如果那样，西方世界努力争取来的自由，那持续几百年几千年的事业，都将付之东流；原始的专制暴政将会再现，只不过拥有了技术手段。人们可能不会一股脑地失去自由，但这种安慰只能放诸十分遥远的未来。用柏拉图的话：在无尽的时间长河里，可能的东西在这里或那里，一次或多次成为现实。他人的道德优越感让我们触目惊心：谁若是在危险临头时感到安然无恙，他已经走在了危险的道路上。德国的命运将成为所有人的经验。但愿这种经验能得到理解！我们并不是一个更糟糕的种族。任何地方的人都有相似的特点。到处都有暴力的、犯罪的、精力旺盛的少数人，伺机攫取政权，残酷统治。

战胜国的自信可能会让我们忧心忡忡。因为从现在起，决定事情进展的全部责任都落在它们手里。怎样预防灾难或者挑起新的祸端，那是它们的事。一旦它们也犯下罪责，对我们和它们来说都是一样的不幸。现在整个人类都处于危险之中，它们必须对自己的行为负起更大的责任。如果不扯断邪恶的链条，战胜国就会陷入跟我们相同的境地，整个人类也将一同陷落。人类思维的短视，特别表现为世界舆论，如同不可抗拒的浪潮一样淹没一切。这是一种巨大的危险。上帝的工具不是尘世的上帝。如果在打击监狱管理者时连囚犯也一同打击，以恶制恶，将会带来邪恶，制造新的灾祸。

如果我们对我们自身的罪责追根溯源，就会发现人之存在（das Menschsein）。它在德意志身上呈现出独特的、可怕的罪责倾向，不过这也是人之为人的常情。

在谈及德国人的罪责时，有句话说得好：所有人都有过错——在德国这个地方爆发的罪恶，部分归咎于无处不在的隐藏着的罪。

如果我们德国人想要通过援引他人的恶来淡化我们自身的罪责，那么这事实上是在做虚假的道歉。这个想法不会令人释怀，反而加深负重。

原罪的问题绝不能成为逃避德国罪责的途径。对原罪的认知还没有洞悉到德国人的罪责。不过,宗教上对原罪的忏悔,绝不能成为德国人虚假的集体认罪的外衣,乃至在语焉不详中用前一个来置换后一个。

我们没有责备他人的冲动。但我们同那些深陷其中、有所醒悟和思考的人的忧虑之间,也存在着距离,我们想的是:但愿其他人不要重蹈覆辙。

历史开启了一个崭新时代。现在,战胜国对正在发生的事情负有责任。

第三节　我们的净化

一个民族在历史反思中的自我启蒙,与个人层面的自我启蒙,看似是两码事,但前者只能经由后者而产生。个人在相互交流中完成的事情,如果是真实的,可以成为许多人的普遍意识,继而被视作一个民族的自我意识。

在这里,我们也必须反对集体式思维。所有真正的转变,都需要个人、众多的个人,在彼此独立或互动交流中完成。

尽管方式不同,甚至大相径庭,但我们德国人都在反思,我们哪里有罪、哪里无辜,我们所有人,无论是纳粹还是反纳粹者,都在这样做。当我说"我们"时,我指的是那些我知道自己通过语言、出身、处境、命运与之团结一致的人。当我说"我们"时,我不想具体去谴责任何人。如果其他德国人觉得自己无可指摘,那是他们的事,除了两点:对犯罪者所犯的罪行进行惩罚,所有人对希特勒国家的行为负有政治责任。那些觉得自己没有过错的人,只有在发起攻击时,才会成为攻击的对象。如果他们秉承民族社会主义(即纳粹)的思维方式,想要否认我们的德国性,如果他们不去深入思考、倾听理由,而是想用一般性的判断盲目地毁掉别人,那么他们就会破坏团结,就是不想在互相交谈中检省和发展自己。

人群中不乏天生洞悉世事、头脑冷静之人。下面是几个简单的例子:

一位八十岁的研究者说:"我在这十二年里从未动摇,可我也从来没有对自己满意过;我一次又一次地思考,一个人是否可以从纯粹的消极抵抗纳粹走向积极行动。希特勒的组织太邪恶了。"

一位年轻的反纳粹者说:"因为即使是我们这些纳粹的反对者,心怀恐惧向政权低头(尽管是勉强低头)了许多年以后,也需要净化。我们这样做,是要同那些认为只要不是党员、不戴党徽就能成为一流之人的法利赛主义者划清界限。"

去纳粹化期间的一位官员说:"如果我当初被逼入党,如果我当初过得相对安逸,把自己安置在纳粹政权之中,从而捞取好处,就算我心里面是反抗的;那么现在,我体会到了这样做的害处,而出于体面,我也不能去怨天尤人。"

一、回避净化

a) 相互指责

在参与或反抗纳粹的方式以及程度上,我们德国人彼此间有很大不同。每个人都必须反思自己内在的与外在的行为方式,并在德国的这场危机中寻求自己独特的重生。

每个人开始内心改造的时刻,也因人而异。是在1933年还是1934年6·30谋杀案之后,还是从1938年犹太教堂被烧算起?或者在战争期间?又或者在德国大势已去、败局将近、政权覆灭之时?

我们德国人无法在这一切之中把自己归入一个分母。我们必须从本质各异的起点出发,向彼此开诚布公。共同的分母恐怕只是国籍。在此所有人共同负有连带责任,是他们允许1933年发生了那样的事,而且他们都还活着。这一点也把流亡在外者和内心流亡者统一到了一起。

巨大的差距使得几乎所有人都有可能去指责所有人。只要每个人只真正关心他自己以及跟他同病相怜的人,并且只会从自身出发去评价别人,那么前面的情形就会持续下去。我们在自己受打击时是多么激动不安,我们看待一切事物是多么爱从自身的特殊情况出发!想到这些真是不可思议!当我们在彼此对谈时眼看着就要失去耐心时,当我们遭遇冷酷无情的拒绝时,我们很可能一度灰心丧气。

在过去的几年里,有些德国人要求我们其他德国人成为殉道者。说我们不应该默默容忍发生的事情。说即便我们行动未果,这个事也会成为对全体人民的道德支持,是被压迫势力的清晰象征。自1933年以来,我就听到来自朋友、来自男人和女人的责难。

这样的要求令人如坐针毡,因为其中有深刻的真理,只是表达真理的方式颠倒了,且伤人自尊。人们在亲身体验超验时,会被带入道德化层面,甚至划入耸人听闻的事件。沉默与敬畏都消失了。

眼下有一个糟糕的例子,说明人们如何跑去控诉彼此,它来自流亡者与留守者、所谓流亡国外者与内心流亡者之间的一些讨论。双方各有各的苦。流亡者面对的是陌生的语言世界,以及思乡之痛。生活在纽约的那位德国犹太人的讲述颇具象征意义。他的房间里还挂着希特勒的照片。为什么?只有当他以这样的方式每天被迫想起恐怖——老家等待着他的恐怖,他才能摆脱怀乡的愁绪。留守者则被抛弃,在自己的国家被排挤、受威胁,孤独地陷入困境,除了一些朋友之外,其他人都避而远之,而这些朋友的负担又给他们自己带来了新的痛苦。然而,如果一群人去控诉另一群人,我们只需问问自己:这样指责我们的人,他们的心态和语气,是否让我们感到舒服?我们期待这些人感同身受吗?他们是榜样吗?在他们身上是否有像振奋、自由、爱这样的东西来鼓励我们?如果不是,如果没有,那么他们所说的就不是真的。

b) 自我抛弃和负隅顽抗

我们对责备很敏感,却轻易去指责别人。我们不想被别人过于接近,但却对他人的道德评判如坐针毡。即便是有罪的人,也不愿意被别人评说;即便他们让别人说,也不想让每个人都来说。这个世界,小到细枝末节的日常事务,充满了各种错综复杂的事端。

那些一听到责备就如坐针毡的人,他们身上很容易转化出认罪冲动。这些悔罪(是假的,因其本身仍然是冲动和欲望的表现)外表上有一个明白无误的特征:由于悔罪的跟不认罪的都是同一个人,被同样的权力意志所滋养,所以我们感到,悔罪者是想通过认罪给自己一个价值,从而使自己在别人面前与众不同。他认罪是想迫使别人认罪。这样的忏悔,带有一种咄咄逼人的气息。

因此,从哲学上讲,在每一次对罪责问题的关注中,第一个要求是对自己的内心展开行动。这种行动可以同时打消敏感易怒与忏悔冲动。

今天,我从心理学角度描述的这种现象,与我们德国问题的严重性交织在一起。我们的危险在于,认罪时一边扼腕叹息,一边傲慢顽固地封闭自己。

有些人为了眼下的生存利益任由他人误导。对他们来说,承认有罪似乎可以获得好处。世人对受到道德谴责的德国感到愤慨,与后者愿意认罪的态度是一致的。人们用奉承来迎接有权有势的人,说他们想听的话。此外,还有一种致命的倾向,即通过认罪而认为自己比别人好。通过自我暴露对其他没有自我暴露的人进行攻击。这种廉价的自我控诉之卑鄙,这种妄想有利可图的阿谀谄媚之失德,可谓昭然若揭。

不同的是顽抗的傲慢。恰恰因为他人从道德层面发动攻击,一个人才变得更加执拗。他希望通过所谓的内心独立获得自信。但是,如果一个人在关键问题上一直不清不楚,他就无法获得内心独立。

关键问题在于那个永恒的基本现象,它今天又以新的形态回归:任何处在惨败中的、仍愿生而不想死的人,若要在现实层面真正活下去,就只能意识到活下去的意义,并决定以此作为活下去的前提。这是他仅存的尊严。

决定作为一个无权无势的人活下去,是一个具有生命意义的严肃行为。从中产生一种根本的转变,它修改了所有价值观。如果这个决定被实现，如果后果被承担，如果痛苦和劳作被接受，那么也许人类灵魂的最高可能性就在这里。没什么馈赠，没有从天而降的馅饼。只有明确了这个决定就是起源，才能避免放任自流，避免傲慢顽固。净化导向决定及其后果的明晰。

如果现在随战败者一同出现的还有罪责，那么，他不仅要接受权势尽失，还要承担罪责。二者结合必定会发生重塑现象（Umschmelzung），这也是人们想要逃避的东西。

傲慢顽抗者为了获得坚持自欺的动力，发现许多看待事物的观念方式、宏伟壮丽的事物、感情丰沛的振奋之举，比如：人们转变了对已经发生的事情就必然要接受这种做法的理解。向我们历史忏悔的疯狂倾向，使我们能够以一种隐秘的方式肯定邪恶，在邪恶中发现美好，把它作为内心深处对抗胜利者的骄傲堡垒。

从这样的反转中，还可能听到下面这样的话："我们必须知道，我们内心仍然携带着创造过去的原始意志力量，我们也必须向它忏悔，并将它纳入我们的存在……我们一直二者皆是，并将继续是……，我们自身一直仅仅是我们的整个历史，是我们体内携带的力量。""虔诚"应该迫使德国的年轻一代再次成为上一代的样子。

尽管打着虔诚的幌子，这里却混淆了那个我们热爱并扎根其中的历史根基。在我们过去共同经历的全部事实中，有许多事实的含义我们不仅不热爱，反而认为它们与我们殊途陌路，并一脚踢开。

在承认恶就是恶的前提下，才能说出下面这样的话："我们必须变得足够勇敢、伟大、温和，从而可以说：是的，固然这个可怕的事是我们的既成现实并将持续下去,我们还是有能力将它在我们身上转化为创造性的活动。我们知道我们内心有一种可怕的潜能,它成形于一次可悲的误入歧途。我们热爱并尊重我们过去的全部历史。我们怀有的虔诚与爱,大过任何具体的历史罪责。我们的身体里带着这座火山,知道它可以把我们炸得四分五裂,但我们坚信,当我们能够制服它,我们自由的最后空间才会向我们开放,也就是在这种潜存的危险力量中,我们将与其他人共同实现我们精神的人道行动。"

这是一个诱导性的呼吁,它来自低劣的非理性主义哲学,将自己毫无决定权地委托给一种存在意义上的平均主义(eine existentielle Nivellierung)。"驯服"是远远不够的。"选择"才最重要。如果不作出选择,一种恶的执念(ein Trotz des Bösen)可能立即卷土重来,必将导致公开犯罪(pecca fortiter)。只把沉瀣一气当作一种表面现象,是错误的认知。

另一种傲慢的执念,用"历史哲学"的方式肯定整个民族社会主义,用美学的观点,从清晰可辨的灾难和昭然若揭的罪恶中,制造出一种蒙蔽情感的虚假宏大。

1932年初,一位德国哲学家预言,十年内统领世界政治的只有两极——苏联和美国[1];而介于其间的德国,在政治地理概念上只是个零,将仅仅作为精神性力量而存在。

1918年的失败,同时让德国有望实现更大的融合,也就

---

[1] 原文为莫斯科和华盛顿。——译者

是实现大德意志。德国历史排斥那种预言式的、正在走进现实的将世界简化为两极的趋势。全世界各国都在一意孤行,为达到本国目标不惜付出巨大代价。德国历史全力反对这种世界趋势。

如果这位德国哲学家对美苏争霸世界仅限十年的预言是正确的,那么德国反击的仓促节奏、草率和暴力性就是可以理解的事件:这个反击速度内在合理、迷人,但在历史上已经迟到。在过去的几个月里,我们看到这种速度最后如何变成了孤家寡人的纯粹狂热。一位哲学家轻描淡写地宣布裁决:德国的历史结束了,现在,华盛顿—莫斯科时代开始了。像德国的这样气势恢宏又充满欲望的历史,不会对此类学院式的结论简单说"是"和"阿门"。德国的历史爆发了,在极度激动的防御和进攻中,在信仰和仇恨的疯狂骚动中,猛烈冲向它的终点。

1945年夏天,一位我非常尊敬的人怀着迷茫的思绪写下上面这些话。

这一切实际上并不是净化,而是进一步泥足深陷。无论是放弃自我还是负隅顽抗,往往都会让人在某个时刻有一种解放的感觉。你以为你有底气,可其实才刚刚走进无望的境地。内心不够坦荡,在此愈演愈烈,同时令真正的改过自新变得更不可能。

任何负隅顽抗都含有一种攻击性的沉默。当对方的理由变得无可辩驳,人们就会退出。人们从沉默中汲取自信,因为沉默是无权无势者最后的王牌。人们为使权贵伤心而摆出沉默姿态,为思考如何重整旗鼓而掩饰沉默——在政治上通过夺取权力工具,即使这些工具对于那些没有参与生产毁灭工具的世界工业巨擘来说可能很可笑;在心理上通过不承认有罪来自我辩解:命运对我不利,这是一种毫无意义的物质优势,失败是光荣的,我在内心壮大了我的忠诚和英雄情怀。然而,走在这样的道路上,智慧助长幻觉思维和异想天开的毒瘤:"还没用上拳头和铁蹄"……"为了那一天,等我们……"

c) 回避那些本身无可指摘、但对罪责问题无关宏旨的具体问题

考虑到自己的需要,有些人认为:你们帮忙可以,但别谈悔改。巨大的困境就是借口。我们听到诸如下面的话:

"炸弹制造的恐怖已经忘了吗?数百万无辜的人不得不放弃他们的生命、健康和全部心爱的家当,难道这不算是对德国所犯罪行的补偿吗?难民的悲惨遭遇令人发指,难道这不等于解除武装的效果吗?"

"我是南梯罗尔人,三十年前来到德国时还是个非常年轻的女人。从第一天到最后一天,我与德国人同甘共苦,受到了一次又一次打击,做出了一次又一次牺牲,把圣杯中的最后一滴苦酒传了下去。而现在我觉得,有人在为我没有做过的事情谴责我。"

"整个民族遭受的苦难如此巨大,而且达到难以想象的程度,人们不应该往伤口上撒盐。这个民族在某些无辜的地方所受的苦,可能甚于合法赎罪提出的要求。"

的确,这场灾难堪比世界末日。所有人都在诉苦,且诉得合情合理,因为他们不是逃离了集中营或迫害,就是无法忘记那些可怕的痛苦。他们以最残忍的方式失去亲人。他们是数以百万计的疏散人员和难民，在流离失所的道路上几乎没有希望地活着。他们是纳粹党的众多跟风者，如今被淘汰，深陷窘境。他们是美国人和其他盟军，多年投身战场，牺牲数百万人。他们是欧洲各民族，在纳粹德国的恐怖统治下受尽折磨。他们是德裔流亡者，不得不在陌生的语言环境下过着最艰难的生活。他们是全体、所有人。

我有意把各个诉苦的群体罗列在一起，就是希望人们会立即感觉到其中的不妥之处。苦难与生命的毁灭都是无处不在的，但是，苦难因其各自所处的关联不同而有着根本区别。不分青红皂白地宣布所有人都是无辜的，这有失公正。

总的来说，虽然我们德国人现在是各国中受苦最深的那个，但也对1945年以前的事态负有最大的责任。

因此，我们每个人都要谨记：我们不想轻易觉得自己是无辜的，我们不想为自己是灾难的受害者而寻求同情，不想因为受苦而期待赞美，而是要问自己，无情地审视自己：我哪里感觉错了，想错了，做错了？我们想尽可能地从自己身上找原因，而不是从客观事件和他人身上找原因，我们不想以苦难为挡箭牌，既然已经决定了悔改。

d) 逃进普遍性

由于整个事件看似从天而降，我既然对它没有产生丝毫影响，也就没有个人罪责，所以作为个体的我并不重要。这是自欺欺人的解脱之词。我只要活着，就要么束手无策地忍受，要么束手无策地参与。我不再从个人意愿出发而活。此种例子不胜枚举：

（1）对历史的总体道德解释,使我们期待一个整体正义:"世上一切罪孽皆有报应。"

我知道我受到全面罪责的钳制,我自己的行为对事态几乎没有任何影响。如果我是失败者,形而上的走投无路就是彻底毁灭性的。如果我是胜利者,除了成功之外,我作为更好的人还拥有上好的良心。一种不把自己当作个体认真对待的倾向,会令道德冲动瘫痪。在一种情况下自认有罪的那份骄傲,就像在另一种情况下道德胜利的骄傲一样,成为对每个人身上人性根本任务的逃避。

但经验却并不支持这种道德上的全面历史观。事件的进程根本就不一目了然。太阳照耀着正义的人和不正义的人。幸福的分配与行为的端正与否,似乎没有关联。

不过那样一来,就是一个相反的错误的全面评价,换言之:根本没有正义。

可能在某些情况下,鉴于一个国家的状态和行为,会有这样一种不可磨灭的感觉突然袭来:"不会有好结果","必遭报应"。不过,只要以为这种感觉就是正义,那么就会产生错误。这是站不住脚的。善与真不是自生的。大多数情况下,不存在和解的可能。腐朽与复仇,既牵连有罪者,又涉及无罪者。最纯粹的意志、毫无保留的真实性、最大的勇气,如果环境不允许,这些可能都毫无胜算。通过他人的行动,有利的环境落到某些被动者手里也是徒劳无功。

认为全体有罪以及罪责—赎罪纠缠论,将诱使个体逃避纯属且仅属于他自己的个人事务;尽管从形而上的层面看,这样的想法的确有几分道理。

（2）全面直观——认为世界上的一切最终都会走到尽头,所做的一切最终都会失败,一切都蕴含着腐朽毁灭的萌芽——令这次失败与其他任何一次失败、让耻辱与高贵都统统滑落到同一个失败的场域,从而剥夺了这次失败的特殊分量。

（3）一个人赋予自己的灾难以形而上的重量,他把这种灾难解释为每个人都有罪的后果,把它解释为一种前无古人的独特经历：在这个时代的灾难中,德国是代理性的受害者,代所有人受苦；所有人的罪孽都在德国身上爆发出来,德国在为所有人赎罪。

这是一种错误的煞有介事,反过来又一次偏离那个真正存在于自身力量中的明确任务,即是说,偏离完善自身、洗心革面的任务。这是在向"审美的"滑落,通过美的不受约束,逃离那个实现个人自我身份的核心。这是一种重新获得虚伪的集体式个人价值感的手段。

（4）鉴于我们德国人已经遭受巨大的苦难,我们宣布"罪已赎过了"——这似乎是对罪责的一种解脱。

这里必须作出区分。惩罚可以被清算,政治责任可以通过和平条约被限制,从而做个了断。关于这两点,上述想法言之有理且正确无误。但是,道德和形而上的罪责,只被共同体之中的个体理解为他自己的罪责,就其本质而言,不能被赎清。这两种罪责没有截止期限。谁若背负上它们,就踏入了一个历时一生的诉讼。

对我们德国人来说,还有替代的选择。要么接受有罪的假设,尽管外界没有这个意思,但它发自我们的良心,成为我们德国人自我意识的基本特征。如此一来,我们的灵魂就会走上洗心革面的道路。要么沉沦于单纯为活而活的冷漠平庸之中。那样一来,在我们中间就不会有原始的生命觉醒,我们就再也听不到我们的高雅文学、艺术、音乐和哲学的超越性意义。

如果不从罪责意识的深处走出一条净化之路,德国人就不会实现真理。

二、净化之路

在行动层面的净化,首先意味着和解。

在政治上,这意味着从内心的肯定出发,以法律的形式并以自己的痛苦为代价,为在希特勒德国遭难的民众重建一部分被摧毁的生活。

除了法律形式带来公平的分配外,这种表现的前提条件是生命、工作能力和工作的可能性。如果战胜国的政治行动破坏了这些前提条件,政治和解意愿的松懈就在所难免。因为那样一来,就不是和解意义上的和平,而是造成更大破坏的持续战争。

然而,和解之道不只如此。那些共同参与罪责并且拥有负罪感的人,想要帮助每一个因非法专政独裁而遭受不公的人。

有两个动机不能混淆:一是要求在有需要的地方提供帮助,不管是什么需要,只因为它近在咫尺,需要帮助;二是对那些被希特勒政权驱逐、抢劫、掠夺、折磨和流放的人,赋予一项特殊权利。

两者都有充分理由,但动机有别。在缺乏罪责感受的地方,所有苦难都会立即被一概水平化。在我想对我犯下的过错进行弥补时,有必要对遭逢苦难的当事人进行区分。

通过和解达到净化,是不可回避的。但是,净化远不止这些。就连和解也只能严肃认真地期待。要完成其伦理意义,只能在我们完成浴火重生之后。

澄清罪责同时也是澄清我们的新生活及其未来可能。严肃与抉择正来源于此。

在这种情况下，生活不再是简单地无忧无虑地享受。我们可以抓住实存的幸福，在它被赋予的地方，在转瞬之间，在呼吸片刻。但是，幸福并没有填满生命，而是作为亲切的魔法，被纳入忧郁的背景。生活从根本上讲只允许被任务所销蚀。

结果就是谦逊[1]。在面对超验的内心行动时，意识到我们人类的有限性和不完满性。

然后，在没有权力意志的情况下，我们可以在爱的斗争中开展对真实的讨论，并在其中彼此团结起来。

然后，我们就可以放下戒备地保持沉默——从坦诚朴素的沉默中，可以交流的东西会清晰呈现。

然后，重要的就只是真理和行动。没有奸诈诡计，我们准备好忍受上天给予我们的东西。无论发生什么，只要我们活着，人类的任务就一直存在，这是世上未竟之事。

净化是人之为人的道路。通过展开罪责反思进行净化，只是其中的一个契机。净化不会首先通过外部行动发生，不会通过魔法发生。相反，净化是一个永不结束的内在过程，是自我的持续形成。净化关乎我们的自由。每个人都一次又一次地站在分岔路口，一边指向纯净，一边通往浑浊。

并不是所有人同用一个净化模式。每个人都有自己的路径，

---

[1] 此处疑似原文有误。原文 Bescheidung 意为决定，而根据下文，应表谦逊，即 bescheiden。——译者

它不会被任何人预料或标示出来。一般的思考只能起到提醒作用，也许可以使人警醒。

如果最后我们问，净化包含什么，那么除了已经说过的，没有进一步的具体信息可以提供。如果有些东西不能作为可以理解的意志目标而被实现，而是通过内在的行动作为转变而发生，那么就只能重复语焉不详、影影绰绰的套话：生生不息的真知灼见、对人类的爱。

论及罪责，方法之一是对此前讲过的想法进行彻底思考。人们不仅要对这些想法作理性的抽象，而且还必须将其付诸生动的实践；必须使之具体形象，从本质上化为己有或彻底摒弃。这个过程及随之而来的，就是净化。这终究不是什么新鲜的派生之物。

净化还是我们实现政治自由的前提条件。因为只有怀着罪责意识，才会产生休戚与共和共同担当的意识；而若没有休戚与共和共同担当，就不可能有自由可言。

政治自由始于这样一个事实：大多数民众中的个人感到对其共同体的政治负有共同责任；他不只是渴望而且痛斥；他毋宁要求自己看清现实，而不是出于对世俗天堂的信仰而行动；这种信仰被错误地置于政治之中，只是由于他人的不良意愿和愚蠢而无法实现；相反，他知道，政治在具体世界中寻求永远可行的方式，以指导人类生存的自由理想。

简言之：若无灵魂之净化，便无政治之自由。

我们以罪责意识为基础的内心净化走了多远，通过我们如何对待那些针对我们的道德攻击行为便可得知。

如果没有罪责意识，我们对每一次攻击的反应就仍然是反唇相讥。然而,如果我们激动于内心的震颤,那么来自外部的攻击就只是我们头上的浮云。它可能仍然会引发伤害和冒犯,但不会伤及我们灵魂的内核。

在获得罪责意识的地方,我们会平静地承受虚假和不公正的指控。因为我们的骄傲和顽抗之心已经融化了。

谁如果真正感到负罪,乃至他的存在意识处于转变之中,那么对他来说,来自其他人的责备就像儿戏一样,无关痛痒。真正的罪责意识是一种不可避免的痛点,自我意识被迫变成一种新的形态。当人们听到这样的指控时,反会忧虑地感觉到,指控者是多么无动于衷、无知无觉。

如果没有对我们灵魂的照亮和彻底改造,处在无能为力状态下的人只会愈发敏感。心理转化如同毒药,会使我们内心堕落。我们必须准备好忍受责备,在听到责备后检视它们。我们必须对落在我们头上的攻击主动找寻而不是回避,因为它们对我们来说是对自身思维的一种监督。我们内心的态度会证明自己。

净化使我们自由。事物的进程不由任何人一手决定,即使人可以在其实存的指导下走到不可预测的远方。因为不确定性仍然存在,而且有可能出现前所未见的、更大的不幸,因为罪责意识的转变绝不是以新的实存幸福为奖励的自然结果,于是我们只有通过净化才能变得自由,为即将到来的事情做好准备。

纯粹的灵魂可以真正生活在紧张之中,哪怕全面沦陷,也不倦于在这个世界上奔忙,获得生机。

当我们放眼世间的大事时,我们最好能想到耶利米。在耶路撒冷被毁、国家与土地尽失之后,在他被最后一批出走埃及的犹太人强迫同行之后,他不得不目睹这些人如何向伊西斯献祭,希望她比耶和华对他们更有帮助,这时他的门徒巴录就绝望了。耶利米回答说:"耶和华这样说:看哪!我所建立的,我必拆毁;我所栽种的,我必拔除。你要为自己图谋大事吗?不要图谋!"意思是,上帝在,就够了。当一切消失的时候,上帝还在,这是唯一不变的事。

但是,如果人在疲劳、急躁、绝望中过早地陷入死亡,濒死时的极端真实情况就变成了可怕的诱惑。因为只有伴随坚定不移的决心,那种生死临界的态度才是真实的。只要生命还在,就能随时抓住仍有可能的东西。谦虚和节制,是我们的本分。

后记：关于我的《罪责问题》

本书稿起草于1945年，于1946年1、2月拿到讲授课上宣读，后出版。阅读时必须联想当初写作的那个时代。对我们的有罪宣告，就像冰雹一样每天砸在我们德国人的身上。除公事之外，美军士兵被禁止与我们交谈。直到现在，纳粹德国的罪行才向全体人民公开。就连我之前也不了解其组织性、犯罪性达到何种规模。与此同时，日常生活变得极为艰辛，无论是留守在家的人，被运到各地战俘营里的战犯，还是被驱逐离境的人。束手无策，沉默不语，压抑愤怒，或者短时期内干脆麻木迟钝，这些都成了主流现象。许多人试图从战胜国那里为自己争取利益。伴随苦难的是肆无忌惮。家人和朋友之间的休戚与共，几乎是唯一的避难所。

这本书应该有助于自我反省。我们借由此书明确认识罪责、接受罪责的同时，找到通往尊严之路。书中指出战胜国同样负有罪责，目的不是为我们推卸责任，而是出于求真求实，同时还为了暗中防御可能出现的各自为政。这种情形一旦出现，会对政治中的所有人造成灾难性的后果。这样一部书稿，可以在占领军政府之下出版，说明这个政府从一开始就允许有怎样程度的精神自由。当时有一位很知名的美国人跟我说，这本书的目标读者是德国人，也是盟军。我竭力制造纯净自由风气，以便我们德国人怀着自我意识恢复元气。此书还将帮助我们实现同战胜国缔结新的关系——人与人的关系。

尽管当时获得的信息量有限,但民族社会主义政权的基本特征,对任何想知情的人来说都很清楚,包括它的诡计多端、全盘欺骗和诸多犯罪动机。德国人的再生之门即将开启。今天我仍然认为,本书的讨论是真实可信的,除了一处重要的例外:我对当时正在开始的纽伦堡诉讼的看法,在一个关键点上是错误的。

当年盎格鲁-撒克逊人的想法很了不起。我们似乎看见,可能改变人类世界的东西,在未来道路上闪闪发光:建立一个世界法律与世界国家,通过最强大的国家的联合力量,对明确界定的罪行有罪必罚。今后任何政治家、军队、官员都不可拿国家理性或命令做挡箭牌。一个国家的所有行动都是通过有个性的人来实现,要么是统治者,要么是不同级别的参与者。过去,责任被转移到国家头上,好像国家是一个神圣的、超人的存在。现在,每个人都要对自己的行为负责。有些国家罪行,同时总是某些个人的罪行。的确,在命令和服从之中,存在着必要性和荣誉感,但是,如果服从者知道他在实施犯罪,那么就不该服从。在国家背景下的宣誓,只有旨在服务于宪法或巩固共同体(这个共同体具有公开的正确的目标和信念)的情况下,才具有无条件的性质,且不同于对政治或军事职务人员的效忠宣誓。个人责任在哪里都没有尽头。确实会出现巨大的冲突,但在现实中,当涉及犯罪时,事情本身总是很简单。当我已经看到犯罪的可能性、罪行开始的事实并参与其中时,就已经开始负有个人责任了。无论人们在哪里喊出"德国醒了,犹大灭了"、"人头落地",无论哪里出现希特勒向波坦帕谋杀者发出的声援电报,良知都必须说话,即使你参与其中时犯罪事实还没有发生。但是,按照盎格鲁-撒克逊人的观点,无论后来发号施令或实施犯罪的是谁,都将以个人身份受到全世界国家的联合审判。所以,有这样的震慑存在,和平将会得到保障,人类将团结在一个所有人都理解的伦理世界中。我们所遭受的苦难,诸如被自己的国家剥夺尊严、人权受到侵犯、被驱逐或被杀害,无法从优越的国家共同体中寻得保护,这些将不再重演。再也不会出现自由国家的人追随希特勒、背叛德国人的情况,他们再也不会涌向柏林参加奥运会,在科学大会和文化活动中接受民族社会主义国家认可的人,排斥不受欢迎的人。西方自由国家没有首先通过和平手段团结起来保卫自己,反对自1933年初露端倪、1934年开始大量增加的罪行,他们以"不干涉内政"为由容忍了这些罪行。这些在德国发生的事情,将永远不再卷土重来。只要一个国家的人民在文化、传统和对西方生活的理解上与其他民族相似,只要这个国家的人民由于遭到灾祸而无力对抗极权主义,就算他们咎由自取,那么也不应对他们弃之不顾,任其独自对抗恐怖统治者。这就好比对遭遇天灾的受害者,同样不应袖手旁观。

现在,一个新的时代应该开始了。法庭已经成立,我们希望它能进一步发展。人类永恒的渴望开始看到通往现实的道路。这可能非常幼稚。我也加入其中,尽管我年事已高,尽管我对政治有很多思考。我已经意识到我当时的态度不够明确,并正在修改我对这一点的判断。

布尔什维克苏联坐在法庭上,这是一个实行极权统治的国家。因此,有一位在场的法官,事实上并不承认法院所依据的法律。这个法庭不需要调查已知是（地理上的）地方行为的罪行，而只需要调查被告人的行为。这种对起诉的自我限制，排除了对"不为人知"之事的诉讼，实践起来并无困难。诉讼仅限于战俘。西方国家在战争过程中实施的并无军事必要的破坏行为，也没有成为调查的对象。

1945年的时候我曾想过这些，但未作深入探讨。就算面对德累斯顿和维尔茨堡受到的无理破坏连连瞠目，我还是对自己说：也许不能对两方的行为等量观之。民众拿出全部力量为犯罪的国家效力，不能指望得到宽恕。数以百万的受压迫民众，被当作奴役劳工运到德国，那里每天有火车驶进驶出，把犹太人带到毒气室。在那里，西方战争从摧毁鹿特丹市中心起拉开帷幕，用元首在炸毁考文垂时说的话——"我要消灭他们的城市"。从此，世界岌岌可危，眼看着被强占了大半个欧洲的罪恶政权所治；那个时候，即便在下层机关也不可能再有任何节制。不是自由国家的统治原则，而是可能根本没有得到本国政府批准的特殊当局，得以谋划并发动毫无军事必要的破坏行为，为对抗德国政府的恐怖而发动针对德国人民的恐怖行径。如果这些罪行也被公开讨论，那就太了不起了。那样就会把这场诉讼变成独一无二的世界历史事件。我当时就该这样写出来。

这场诉讼首先在盎格鲁-撒克逊法律思想的指导下令人信服地展开。在第一次开庭诉讼中，对被告的诉讼无懈可击（我不讲后面那一系列诉讼）。人们想要真相和公正。在法律上，这些罪行得到了定义。受到审判的应该只是这些罪行，而不是道德谴责的行为。因此，沙赫特、冯·帕彭、弗里彻被无罪释放，尽管法庭也对他们的行为进行了道德谴责。极具特色的是，苏联法官提出了一个特别意见，宣布反对这些无罪释放的做法。他淡薄的正义感无法区分法律上的规定和道德上的规定。这位法官只以胜利者的姿态作出判断，而其他人则希望且实现了对胜利者权力的自我限定。

然而尽管如此，希望还是欺骗了我们。跟以往的时代一样，伟大的理念仅仅是理念，而不等于现实。这场诉讼并没有建立起一个拥有世界法律的世界国家。

这场诉讼没有兑现承诺，后果很糟糕。我当初写道："纽伦堡没成福地反变祸水，世界最终判定这场诉讼是一场虚假诉讼，是一场审判秀。万万不可如此！"而今天，我将无法逃避下面的判断：这纵然不是一场审判秀，而是一个在法律形式上无可挑剔的诉讼，却是一场虚假的诉讼。它实际上是战胜国针对战败国的一场一次性审判，其中缺少了共同的法律国家和战胜国的法律意志这两个基础。因此，它非但没有达到应有的目标，反而走向其反面。它没有建立法律公正，而是令人们对法律的不信任进一步升级。兹事重大，故失望之情令人一蹶不振。

我们绝对不能把这个经历一手推开，即便我们抱持伟大的理念。非法势力有多强大，依旧难以估量。今天，我们还无法直接为世界制造出纽伦堡所期望的安宁。要靠强权本身对这种法律的臣服之心，这份安宁才得以保障。它需要一个前提条件，不能简单地源自安全防范和摆脱恐惧这两个动机。它必须一再冒险，约束自由，不断重构自我。这份安宁如能持续实现，当以高尚的精神和道德生活为前提。这样的生活，将既是安宁的原因，亦是其意义所在。

解　说

李雪涛

雅斯贝尔斯的政治哲学实际上是其存在哲学的延续。对于雅斯贝尔斯来说，"人之存在"（Menschsein，雅斯贝尔斯认为是"人性"）代表着哲学的原初本质，因此，他从来就没有对人类的未来丧失过希望。"在所有这些灾难过后，只有一个超验的宗教信仰或哲学信仰才能屹立不倒。"[1]这是雅斯贝尔斯"人之存在"哲学的具体表述。

《罪责问题——论德国的政治责任》（以下简称《罪责问题》）是雅斯贝尔斯的一部政治学著作[2]，实际上他对罪责问题（Schuldfrage）的思考，早在纳粹灭亡之际就开始了。这也是为什么他能在1945—1946年冬季学期就开设"罪责问题"讲座课的原因，因为在纳粹暴行灭亡之日，他已经开始认真准备这一课程了。雅斯贝尔斯实际上是公开讨论德意志罪责问题的第一人。1945年对于大部分德国人来讲，是作为彻底的失败经验而开始的，这不仅仅是军事上的失败，更是民族自尊和德意志自我理解的彻底崩溃。换句话来讲，德国的脊梁彻底被打碎了。面对战胜国提出的"集体罪责"的控诉，雅斯贝尔斯从正面予以认识，他认为，让德国人负起责任，最终目的是推动他们走上民主的道路，而并非单纯惩罚他们的过去。雅斯贝尔斯在 1962 年写道："对我们的有罪宣告，就像冰雹一样每天砸在我们德国人的身上。……束手无策，沉默不语，压抑愤怒，或者短时内干脆麻木迟钝，这些都成了主流现象。"[3] 当在迷惘之中出现了惊骇与惭愧，沉默骤变为隐藏的愤怒之时，雅斯贝尔斯的《罪责问题》尝试着进行一些深层次的理性思考，这些思考对于当时的德国和德国人都是绝对必要的。雅斯贝尔斯的这一立场是对战胜国所谓德意志集体罪责这一论点的第一个回应——这一回应，以其真实性，丰富了具有现实意义的讨论。《罪责问题》是让德国人进行自我反省的一部书："我们借由此书明确认识罪责、接受罪责的同时，找到通往尊严之路。"[4] 在认罪的同时，找回自己的尊严，并且找回早已在纳粹统治时代就迷失了的自我。德国历史学家梅涅克（Friedrich Meinecke，1862—1954）将战争结束与战后初期体验的德意志历史性的断裂称作"德国的浩劫"（die deutsche Katastrophe）。[5] 到了 1950 年代，保守派的历史学家里特尔（Gerhard Ritter，1888—1967）依然强调德国文化传统的优秀特征，坚持认为纳粹的罪恶应当由希特勒个人来承担。[6] 针对梅涅克等人的动机，柏林自由大学的社会学教授勒佩尼斯（Wolf Lepenies，1941—）反问道："在德国军队占领波兰和法国时，他（指梅涅克——引者注）也曾毫不掩饰地流露出自豪与喜悦之情。假若纳粹德国取得了二战的胜利，那么梅尼克（即'梅涅克'——引者注）是否还会写这部名为《德国的浩劫》的书，是很令人怀疑的。"[7]

有关德国的罪责问题，实际上可以从外部和内部两个方面来看。纳粹倒台之后，当时全世界都向德国和德国人发起了控诉：

人们怀着愤怒、恐惧、仇恨、蔑视来讨论我们的罪责,想要惩罚和报复。这些人不仅来自战胜国,还包括一些德国流亡人士,甚至某些中立国成员。在德国,有人决定自己忏悔罪责,还有许多人认为,自己无罪而别人有罪。[8]

对于雅斯贝尔斯来讲,作为战胜国的盟国所组建的国际军事法庭从1945年11月至1946年10月在纽伦堡对纳粹头目的审判,从法律的层面对战争罪犯诸如谋杀、种族灭绝、奴役、出于政治和宗教原因的迫害,以及反和平罪等反人类的罪恶进行了审判,这些外在的形式并无法改变知识分子内心的罪责感。雅斯贝尔斯就此写道:

> 罪责问题不只是别人加在我们头上的问题,更是我们提给自己的问题。我们在内心深处如何作答,决定了我们当下的生存意识和自我意识。这是攸关德意志之魂生死存亡的问题。只有回答了罪责问题,才能发生根本转变,从而带领我们回到我们生命的源头。战胜国对罪责的诸多解释,尽管对我们的生存影响极为深远并且具有政治品质,但在内心改造这个至关重要的问题上,这些解释帮不了我们。在这个问题上,我们只能独自面对,援引哲学和神学,照亮罪责问题的深处。[9]

雅斯贝尔斯的理想是建立一个真正的"世界政府"(Weltregierung):"他们的确要把对人类的责任当作其胜利果实,

而不是为各自国家所用而已。……从政治审判中会生出一场法律诉讼,正义能得到匡扶,并且投入一个有建设性的新世界。"[10]但纽伦堡诉讼仅仅是形式上的,尽管非常重要。雅斯贝尔斯将德国知识分子对罪责的认识,看作是"人之为人的尊严,决定了我们义不容辞"[11]。德国人的救赎只能通过其自身得以完成,有关罪责的问题,并非可以通过别人的讨论而使德国人为之释然。只有具备了这样的自我批判的坦然心境,才可能开辟超越纳粹过去之路。按照雅斯贝尔斯的说法是:"在这个问题上,我们只能独自面对,援引哲学和神学,照亮罪责问题的深处。"[12]

讨论罪责问题的目的

雅斯贝尔斯认为,尽管德国是在战胜国的强制下才开始对历史问题进行反思的,但公开地讨论罪责的问题,并且从内心之中承认罪责,"这是保卫我们灵魂不至沉沦的唯一道路"[13]。"如果不从罪责意识的深处走出一条净化之路,德国人就不会实现真理。"[14]因此,对雅斯贝尔斯而言,对于罪责问题的讨论,依然是其实现真理的方法。

雅斯贝尔斯的"交往"(Kommunikation),是与人共在(Mitmenschen)的哲学:真理是将我们联系在一起的东西。[15]他常常说:"如果我只是我的话,那我会变得闭塞!"[16]他认为,1933至1945年的12年间,以希特勒为首的德意志民族社会主义工人党(Nationalsozialistische Deutsche Arbeiterpartei)在德国建立的"第三帝国"让人彻底放弃了"交往",使得每个人成为了一个个的孤岛。因此雅斯贝尔斯在《罪责问题》的"导言"中提出:"我们将学习互相交谈。"[17]因为在这些年中,一种意识形态占据了人的内心,致使大部分人无法思考问题,更没有办法进行有效的沟通:"对于过去的十二年里公开宣传的那些一体化言论,我们表面虽保持沉默,内心却态度各异。"[18]"这十二年来根本就没有可能进行公开讨论。"[19]因此,对于雅斯贝尔斯来讲,彼此的交往使得人们回到事物的起源,从而真正实现人类"交往"的使命。在雅斯贝尔斯看来,今天在我们面前出现的是:"人类非凡的共同命运——世界的一体,今天仰仗着技术的现实而得以切实地显现在我们面前,仿佛曾经的罗马帝国之于地中海地区的人民一般。"[20]

德国人获得"解放"之后,对待罪责的问题,大多数的民众表现得十分惶恐,不是推卸责任,就是保持沉默,而雅斯贝尔斯却认为没有什么可以隐晦的:"没有什么不能问的问题,没有什么不可触碰的理所应当,没有什么需要保守的情感秘密或人生谎言。"[21]这是人类启蒙以来,理应采取的态度。

对于罪责问题的讨论,同样有助于人们更深层面地去探讨纳粹主义的起因、根源、表现等问题,其后的联邦德国的历史学家很多都沿着这条道路不断地进行了有益的探索。

四种罪责

雅斯贝尔斯认为,作为政治方面的著述者,1945年纳粹倒台之后的工作并不是直接参与日常的政治问题,而是要独自制订一部内在的精神—道德宪法,从而为未来政治做准备。[22]

雅斯贝尔斯的《罪责问题》可以分为两大部分:一、分殊的模式;二、德国的问题。在第一大部分中,除了对四种罪责的概念进行了界定外,还讨论了罪责的后果、暴力、法律以及恩赦等问题,接着讨论了审判的主体(谁来审判)和对象(要审判何人、何事),以及辩护等刑事和政治罪责的形式问题。在第二部分,雅斯贝尔斯主要具体到第二次世界大战中纳粹的罪行,讨论了德国的罪责的划分,辩解的可能性,以及自我赎罪等问题。

仅仅将纳粹的头目,那些犯下滔天罪行的战争罪犯进行了审判,将他们绳之以法,难道这就真正解决了所谓罪责的问题了吗?有关纳粹时期的罪责,雅斯贝尔斯并非一概而论,他将这一段时期的罪责分为四种:

1. 刑事罪责:由客观可证的、违反明确法律的行为构成。

2. 政治罪责:它包括政治家的行动和一个国家的公民身份。

3. 道德罪责:对于我一直作为个人所行之事,对于我的所有行为,包括我执行的政治和军事行动,我都负有道德责任。

4. 形而上的罪责:每个人对世界上所有的不公与不义都难辞其咎,特别是对他在场或知情的情况下犯下的罪行。[23]

"形而上的罪责"是一种无法消除的"原罪":"当发生不公与犯罪之时,我袖手旁观,就是破坏了这种团结。哪怕我冒生命危险谨慎预防,也是不够的。如果事情发生时我在场,其他人被杀害了而我幸存下来,那么我身体里会有一个声音告诉我:我还活着,这便是我的罪。"[24]这些行为显然是违背人类的伦理思想的,因此会产生因背离这样的信念而产生的罪责感。

有些人即便可以声称所有一切都是上头的命令,我只不过是执行而已,但雅斯贝尔斯认为,此类的人依然负有道德的罪责:"'命令就是命令'一说根本无效。相反,正如犯罪始终是犯罪,即便是奉命行事（尽管根据危险、胁迫以及恐怖程度的不同会相应从轻考虑），每一个行为也仍然受制于道德评判。这里的主管机关是自己的良知，以及与朋友和邻人的沟通，即与关心我心灵的有爱的同胞之间的沟通。"[25]雅斯贝尔斯对德意志的臣仆精神以及对权威的盲目崇拜有着深刻的认识和反省："我们驯服，有君臣思想，对政治现实漠不关心、不负责任——多少就在我们身上，即便我们反对这些态度。"[26]"一是在政治上无条件地屈服于一个领袖，二是令人屈服的领袖的资质。卑躬屈膝的气氛，可以说是一种集体罪责。"[27]而所谓"随时服从"（jederzeitiger Gehorsam）的教育使得大部分德国人奴性十足："只要有'随时服从'这个前提条件在，你们享有的就是傻瓜的自由。你们沉默、跟风。你们的斗争是表象，这正中领袖层下怀。你们只是把德意志精神推进火坑。"[28]在纳粹时代生活的德国人，如果参与了战争犯罪的准备和实施，参与了对人类的犯罪的话，这类人即便没有受到刑事的审判，但最终也很难逃脱道德的煎熬。雅斯贝尔斯的认识还不止于此，他甚至认为这些人毁灭了真正的"德意志精神"（Deutscher Geist）。这种奴性十足的"服从性"在纳粹时代达到了顶峰。

雅斯贝尔斯认为："大多数个人、广大民众团体在日常行为中的道德生活方式，催生了各自的政治行为，从而产生了政治条件。"[29]实际上，希特勒的"成功"在很大程度上是德国人民促成的，尽管普通人并不能阻挡屠杀犹太人的暴行，但在希特勒上台的问题上德国人仍然要承担应有的责任。在纳粹暴政期间，大部分的德国人只看到了对自己无害的东西，对希特勒政权的骄横恣肆保持沉默，对这一政权处于极盛时期同样一起欢呼。雅斯贝尔斯扪心自问:"我们全都是有罪责的,为什么我们当时没有走到大街上大声呼号呢?"[30]在纳粹剥夺了犹太人的"法律"权利的时候,并没有人站出来表示抗议,并且很多人从犹太财产的"雅利安化"运动中获得了利益。[31]这样的罪责被雅斯贝尔斯认为是"形而上的罪责":"如果我没有竭尽所能去阻止那些罪行,我就是共犯。如果我没有拼命去阻挠杀人行径,而是选择袖手旁观,那么我会有某种负罪感,是法律、政治和道德层面无法作出恰当解释的负罪感。"[32]纳粹除了具有广泛而有效的政治权力之外,当时的时代也为希特勒提供了必不可少的社会环境。纳粹的时代,包括大屠杀在内,没有希特勒是不可能的,当然没有社会的支持也是不可能的。[33]因此,将所有的罪责仅仅推给希特勒,将之妖魔化,认为他是战争狂、屠杀者,这是不够的。

对于这四种罪责,雅斯贝尔斯写道:"罪行可以由法官决定,政治责任由胜利者决定。道德罪责真正只能在人们彼此团结一致的爱的斗争中决定。关于形而上的罪责的启示,也许在具体的情况下,通过文学和哲学作品可能实现,但在个人交流中几乎没有可能。"[34]因此,对于雅斯贝尔斯来讲,他在《罪责问题》中所解决的基本上是后两种的罪责。

那么这四种罪责所产生的后果是什么呢?雅斯贝尔斯对此分析道:

a) 刑事犯罪,有罪当罚。

b) 对政治罪责,要承担责任,其后果包括赔偿和解、进一步丧失或限制政治权力与政治权利。

c) 道德罪责,催生洞见,从而产生忏悔和改过自新。

d) 形而上的罪责,导致人类在上帝面前转变自我意识。[35]

与刑事罪责和政治罪责不同,道德罪责是一个通过真正的内心悔过而影响外部世界的过程。而形而上的罪责会使人在上帝面前真正彻底洗心革面,"可以通向积极生活的新起点"[36]。

雅斯贝尔斯并不认为可以在政治上和道德上对德意志民族进行控诉,他认为罪犯永远是个体,此外他也不认为所谓的民族性格可以涵盖这一民族的每一个成员。脸谱化了的种群概念是没有意义也没有任何说服力的:

> 混淆通用性与典型化概念,是集体式思维的标志:那些德国人、那些英国人、那些挪威人、那些犹太人,还可随意扩展到弗里斯兰人、巴伐利亚人,或者男人、女人、青年、老年。用典型化方式的确可以切中某些事物,但不应误导人们以为,通过刻画一般特征就可以把握每个个体。[37]

雅斯贝尔斯根本不信任这种以集体式思维所达成的评价和感受,他举例说,几千年以来,人们一致认为:耶稣被钉在十字架上是犹太人的罪。但谁是犹太人?在这里,所谓的犹太人是特指"某个竭力追求政治和宗教目标的群体,在当时的犹太人中拥有一定势力,他们同罗马占领者合谋将耶稣处决"[38]。将全体德意志人民判定为有罪,等于保护了真正的罪犯。正是基于以上的认识,雅斯贝尔斯在1945年针对挪威女作家翁塞特(Sigrid Unset，1882—1949)对整个德意志民族和德意志民族精神的猛烈攻击，曾予以针锋相对的回应。[39]这位1928年获得诺贝尔文学奖的女作家，在1940年德国人占领挪威后便走上了流亡之路，先后去了瑞典、苏联、日本和美国，直到战争结束后她才重又回到了挪威。在战争中她失去了一双儿女。雅斯贝尔斯指出，翁塞特的愤慨是完全可以理解的，但"除政治责任外，不可能存在一个覆盖民族的集体罪责，或者诸多民族内部某个群体的罪责，无论从刑事、道德还是形而上的意义上看"[40]。

雅斯贝尔斯针对当时一些流行的观点，也明确了自己的态度。有人认为，纽伦堡诉讼是受到暴力胁迫而做出的决定，有骑士感的士兵如果遭受了非骑士般的对待，他作为失败者同样会受到羞辱。雅斯贝尔斯认为："德国劣迹斑斑，僭越骑士精神，违反国际法，导致种族灭绝和其他非人道行为。"[41]

针对有人所认为的审判对所有德国人来讲是一个民族的耻辱的说法，雅斯贝尔斯义正词严地指出："民族耻辱不在于法庭之上，而在于导致这场诉讼的罪魁，也就是这个政府及其所作所为。"[42]之前被视为神圣不可亵渎的"元首"，"然而今天，国家领导者头上的光环已经消失。他们也是人，要为其行为负责"[43]。

在讨论"道德罪责"的时候，雅斯贝尔斯专门提到了在纳粹极权统治下，"面具之下的生活"之种种表现：

> 带来了道德罪责，但对于想活命的人来说非如此不可。对危险机关如盖世太保作出谎话连篇的效忠言辞，行希特勒

99

问候礼等手势,参与集会,以及其他诸多造成支持假象的事件。试问我们当中有谁没在某时某刻有过此类罪责?只有健忘的人能在这种事上自欺欺人,因为他想自欺。伪装是我们现实存在的基本特质之一。它重重地压负着我们的道德良知。[44]

外部因素尽管起着重要的监督作用,但道德的自我净化,没有悔悟就不可能有重生的能力。因此,此类的道德罪责只有经过自我的赎罪,才可能消除心理的负罪感。

在《罪责问题》中,雅斯贝尔斯并非一味地自谴德国和德国人民,在"他人的罪责"中他同样谴责了1918年以来的这些战胜国的政治行动,以及它们在希特勒德国扩张之际的袖手旁观,乃至助纣为虐的行为:

——我无法忘记1933年5月在我家与一位后来移民、现住美国的朋友促膝交谈。当时我们憧憬着西方列强马上出兵。他说:如果他们再等上一年,希特勒就会得逞,德国就会失败,也许欧洲也会失败。

——1933年初夏,梵蒂冈同希特勒签订了一个协约。帕彭领衔谈判。这是对希特勒专政的首次重大肯定,令希特勒收获巨大威望。起初看似不大可能。不过这是事实,我们听命于恐怖。

——1936年,柏林举办了奥运会。整个世界都涌向那里。我们愤怒而痛苦地看着每个到会的外国人,因为他们置我们于危难而不顾——可是他们跟许多德国人一样对此也一无所知。

——1938 年,《泰晤士报》刊登丘吉尔致希特勒的一封公开函。上面有这样的句子:若英国跟德国一样陷入 1918 年遭遇的国难,那么我会祈求上帝,给我们一位拥有您那样的意志和思想的人物。

——1935 年,英国通过里宾特洛甫同希特勒签订了海军协定。这对我们意味着:英国如果只能与希特勒维持和平,那么也就是放弃了德国人民。他们对我们漠不关心。他们还没有承担欧洲的任何责任。他们不仅在罪恶滋长的地方袖手旁观,而且还对罪恶予以容忍。他们眼看着德国沦入一个恐怖主义的军国国家。[45]

实际上,如果没有成千上万非德国籍的欧洲人的积极参与,如果没有另外数以千万计的人袖手旁观,犹太人大屠杀也不可能如此高效。[46]雅斯贝尔斯认为,纳粹在很大程度上同样也是欧洲很多国家纵容出来的。但是"我们探讨罪责是为了洞悉我们自身的罪责。即使我们讨论他人的罪责,也是为了这个任务"[47]。"如果我们德国人想要通过援引他人的恶来淡化我们自身的罪责,那么这事实上是在做虚假的道歉。这个想法不会令人释怀,反而加深负重。"[48]此外,二战刚刚结束之时,德国成为了一片废墟,德国人民面临着未知的未来。很多德国人因此认为,处在苦难之中的德国人,其本身已经不容易了。但雅斯贝尔斯依然认为:"总的来说,虽然我们德国人现在是各国中受苦最深的那个,但也对 1945 年以前的事态负有最大的责任。"[49]"我们想尽可能地从自己身上找原因，而不是从客观事件和他人身上找原因，我们不想以苦难为挡箭牌。"[50]他并不认为可以将战争的罪责以任何理由推卸给其他人。

因此，从根本上来讲，雅斯贝尔斯并不认为，哪一个德国人可以逃脱他所提到的上述四种罪责。他认为此时的德国人应当着眼于未来，将德国历史上的最低点（Nullpunkt）作为德意志民族的转折点："由此谋求自由和民主，通向各民族的一体，从欧洲的一体，西方的一体，到世界之一体。"[51]因此，他除了在1946年出版了《罪责问题》之外，在纳粹覆灭之后很快便同政治学家、记者施坦贝尔格（Dolf Steinberger, 1907—1989）共同创办了《改变》（Wandlung）月刊（1945年11月），其目的在于使德意志人民"克服"这段纳粹主义的过去（Vergangenheitsbewältigung），从而获得"精神的复兴"（geistige Erneuerung）。尽管这本刊物只存在到1949年秋季，但却在很短的时间内达到了很高的水平，这主要归功于刊物的撰稿者，除了雅斯贝尔斯之外，尚有：阿伦特（Hannah Arendt, 1906—1975）、艾略特（T. S. Eliot, 1888—1965）、卡施尼茨（Marie Luise Kaschnitz, 1901—1974）、布莱希特（Bertolt Brecht, 1898—1956）、托马斯·曼（Thomas Mann, 1875—1955）、布伯（Martin Buber, 1878—1965）、维克多·冯·魏茨泽克（Viktor von Weizsäcker, 1886—1957），以及萨特（Jean-Paul Sartre, 1905—1980）、加缪（Albert Camus, 1913—1960）等著名人士。萨纳尔在引用托马斯·曼信中的评价时说："这是我在新德国迄今所见最优秀的、立场最鲜明、道德上最无畏的刊物了。"[52]

1946—1947年冬季学期，雅斯贝尔斯在海德堡大学开设了"德国的当下与哲学"（Deutsche Gegenwart und Philosophie）的讲座课,他对上一个学期(1946 年夏季学期)仅仅开设了与时代毫无关系的"真理论"(Von der Wahrheit)并不满,充分显示出了作为一个有良知的知识分子对于德国当下的担忧。雅斯贝尔斯一直在思考,哲学在德国思想的重建中,能发挥什么样的作用。他在 1946 年 9 月 18 日从苏黎世写给阿伦特的信中写道:"不过即便下学期要开新课,我也并不满意,还要不断尝试着继续努力。哲学必然是具体且实际的,一刻也不能忘记其起源。"[53] 在信的结尾处,雅斯贝尔斯表示,那些优秀的学生对政治的默然让他感到非常失望:"这些为数极少的优秀年轻学子们对政治不仅毫无兴趣,而且还充满着轻蔑和猜疑,不过如果跟他们交谈的话,他们所知之多还是令我刮目相看。"[54] 雅斯贝尔斯依然希望通过他的努力唤起年轻一代的德国文化精英对政治的兴趣。

在雅斯贝尔斯讲授《罪责问题》后不久,流亡在美国的历史学家罗特菲尔斯(Hans Rothfels,1891—1976)在芝加哥大学也开设了有关德国人反抗希特勒的讲座课。针对西方社会一边倒的对德国的声讨之声——把全体德国人民判为有罪的"集体罪责"的说法,他认为,若要对纳粹时期的德国人民做出实事求是的评价,就应该加以区别对待。身在美国的罗特菲尔斯认为,由于德国人对纳粹进行过动机很不相同的广泛反抗,做这样的一种回顾有助于德国在自身的基础上重新建立政治生活。[55] 可见,客观、深入地对罪责进行分析,对纳粹时代的很多事件予以区别对待,是正直的哲学家、历史学家的共同努力。

流亡在外者与内心流亡者

在 1937 年夏季学期最后一堂讲座课之前,54 岁的雅斯贝尔斯接到了卡尔斯鲁厄巴登文化部的通知，根据1933年4月由希特勒直接签署颁布的《恢复职业公职人员制度》(Gesetz zur Wiederherstellung des Berufsbeamtentums)的第六条，由于精简机构的需要，他将退休。雅斯贝尔斯上完了这一学期的最后一节课，之后他说："我在学期末常常说：哲学并非完整的全部；——所计划的讲座结束之前，课程便告中断，这便是哲学非完美性的象征——尽管哲学思考是成功了的。讲座虽然停了，但哲学思考仍将继续。"[56]

实际上，雅斯贝尔斯在1937年被解雇前后已经在思考几套流亡的方案了。最初的想法是到瑞士苏黎世大学接替弗莱塔克(Wilhelm Freytag，1873—?)教授的职位，但最终并没有成功。1938年雅斯贝尔斯收到私人邀请，询问他是否有意去伊斯坦布尔大学任职，此事传到巴登的文化部长那里，他表示雅斯贝尔斯的申请不可能被批准。雅斯贝尔斯夫人的表兄戈特沙尔克(Paul Gottschalk，1880—1970)在美国为雅斯贝尔斯游说爱因斯坦和托马斯·曼，希望在普林斯顿研究所为他谋得一个教职。但爱因斯坦无法接受雅斯贝尔斯的哲学，认为他跟黑格尔一样是"醉汉在胡说八道"。而托马斯·曼尽管表面上欢迎，但真正的邀请一直到1951年才发出，当然遭到了雅斯贝尔斯的拒绝。[57]

1939年，雅斯贝尔斯有几次可以离开纳粹专制下的德国的机会，但他均予以拒绝了。究其原因，其一，是由于他不谙熟异国的语言，对外语有一种难以言状的恐惧心理。其二，他也担心邻国政局摇摆不定，再有就是他可能会有的菲薄收入。其实最让他难以割舍、魂牵梦绕的是这片德意志的土地。雅斯贝尔斯在1939年2

月 7 日的日记中写道:"只能是我的躯体而非我的灵魂移居国外。对格特鲁德来讲也是如此。如果祖国被强行从我们这里夺去的话,那么任何的地方都变成了陌生之地。……走出去是一种行动,是对命运的侵犯。留在此地决不是什么罪责,它不是侵犯,而是对属于我们的一切和我们所可能拥有的权利的保护,只要可能,就值守着这片土地和所有力量的源泉,并且与我们的精神场所(genius loci)保持着亲近。"[58]最终他还是没有离开这片能让他在此承继欧洲文化精神的土地。在当年 3 月 14 日的日记中雅斯贝尔斯继续写道:"如果我们的生活以及让我们具有旺盛工作精力的我们共同的生活方式继续成为可能,那么,不仅我可以在这里——德国工作,并且我也可以全力以赴地将身心集中在我的著作上。这之间还能与已经看不见的德意志精神保持着强有力的联系,而这就要求我忍受所有的痛苦,允许我只有在极端必需的情况下,才能移居国外。"[59]"只有在德国,我才能够怀着对这个国家及其历史基础之爱而活着,如果我现在也必须要离开的话。"[60]"即便作牺牲,我们也是在家中,无辜地任人摆布,但却会被那与我们死在一起而仍然永远饱经磨难的精神本身所滋养所抚慰。"[61]这不禁让人想起了作为青年德意志(Das Junge Deutschland)诗人的海涅(Heinrich Heine,1797—1856)。由于对普鲁士的厌恶可谓达到了极点,海涅被迫离开了德国。最终葬在巴黎的他,终其一生却时刻不在思念着他的"德意志":"当我在夜里梦想到德意志,/我便不能安睡。"[62]"啊,德意志,我遥远的爱人,/我 ·想到你,我差不多要流泪!"[63]我想,跟海涅一样刻骨的德意志情结,使得雅斯贝尔斯没有办法离开这片土地。

1933年之后,流亡到海外的德国人有一种说法,"德意志精神已经移民到了国外"(The German mind has emigrated)[64],这意味着,流亡在外者实际上拥有德意志文化的力量。流亡到欧洲其他国家和新大陆的德国人接触到了多元政治及其文化,促使他们反思德意志旧观念的局限,不断构建新的思想。托马斯·曼认为,只有那些移居国外者才在远离纳粹的地方写作,才会畅所欲言,并因此承受痛苦。而那些依然留在德国国内的人,慑于纳粹绝对的势力,便写一些为纳粹政权正名的文章。第三帝国统治期间出版的书籍,都沾染着血污与耻辱。[65]曼的观点遭到了留在国内的内心流亡者的反对。其后他们之间的相互攻击持续了很长时间。

不过,在海外的流亡者所过的背井离乡的生活,是很多人很难想象的。雅斯贝尔斯写道:

> 流亡者面对的是陌生的语言世界,以及思乡之痛。生活在纽约的那位德国犹太人的讲述颇具象征意义。他的房间里还挂着希特勒的照片。为什么?只有当他以这样的方式每天被迫想起恐怖——老家等待着他的恐怖,他才能摆脱怀乡的愁绪。[66]

对于大部分德国犹太人来讲,德国已经成为了他们唯一的故乡,在美国的流亡生活首先要战胜自己的"思乡"之情。

实际上,在雅斯贝尔斯看来,他尽管一直留在德国,但同样经历了"内在流亡":

> 共同的分母恐怕只是国籍。在此所有人共同负有连带责

任,是他们允许1933年发生了那样的事,而且他们都还活着。这一点也把流亡在外者和内心流亡者统一到了一起。[67]

实际上,纳粹时代的流亡并不仅仅限于那些由于自己的身份或者与纳粹政见不同而被迫离开德国的犹太人和异己分子,也包括在极权统治时期一直留在德国境内的"内在流亡者":"留守者则被抛弃,在自己的国家被排挤、威胁,孤独地陷入困境,除了一些朋友之外,其他人都避而远之,而这些朋友的负担又给他们自己带来了新的痛苦。"[68]

1949年10月在外流亡多年的哲学家阿多诺（Theodor W. Adorno, 1903—1969）回到了阔别多年的法兰克福。这位曾经在牛津、纽约和洛杉矶流亡的哲学家认为：当时还是美国公民的托马斯·曼是唯一一位可以以适当的方式面对德国人的罪行与耻辱的道德家。因此,他更愿意与雅斯贝尔斯保持一定的距离："阿多诺断言,当德国新教牧师马丁·尼默勒——他曾被纳粹关押在集中营里——和卡尔·雅斯佩尔斯（即雅斯贝尔斯——引者注）谈及德国罪行的问题时,他们的文章流露出来的只不过是无助与虚荣的混合感受罢了。"[69]流亡国外者与内心流亡者之间的矛盾也逐渐凸显出来。

德国历史学家将纳粹历史从德国传统中清除出去的做法,引起了很多流亡知识分子的反对,他们认为应当从德国文化传统的深处去挖掘纳粹赖以存在的根源。纳粹的成功,在很大程度上是普鲁士极权国家思想与臣仆精神的逻辑发展,缺乏自我意识,无条件服从权威,这些德意志的性格成为了纳粹的温床。这些理应追溯到德意志民族性及其思想文化的根源之中去。经济学家、哲学家勒普克（Wilhelm Röpke，1899—1966）认为，纳粹主义早在俾斯麦时代就已经萌发了邪恶的种子。[70]

尽管流亡国外者与内心流亡者之间相互攻讦、挞伐，但实际上他们之间的分歧并非像这两派的大部分代表所强调的那么大。后来成为美国著名历史学家和政治学家的帕赫特（Henry Pachter，1907—1980）写道："第三帝国的经历使我变得更加宽容——或者说，不只是宽容。'30年代'的伟大发现就是分界线不是在左翼和右翼之间，而是在正派的人民与政治强盗之间、在宽容忍耐的人民与极权主义者之间。不是在那些留在国内的人（也许他们不得不介入第三帝国的日常生活）和不管因为何种原因移居国外的人之间，而是在那些喜欢第三帝国的统治气氛并从中渔利的人和那些不管是否居住在德国但内心却与纳粹势如水火的人之间。"[71]因此，雅斯贝尔斯之后，在联邦德国，移居国外者与第三帝国的同情者之间，纳粹政权的反对者与合作者之间，被驱赶出自己的祖国的犹太人与对他们的逃亡负有责任的反犹主义者之间的对抗，这些导致了充满挑衅性和创新性的艺术作品和学术著作的一度繁荣。[72]

海德格尔"案例"[73]

1934年，海德格尔从校长的位置上退了下来。这并不是因为他成了纳粹极权的反对者，而是因为他不得不认识到，他那模糊的革命幻想是不可能实现的。[74]海德格尔渐渐地从他的哲学—政治梦想中清醒了过来，正如人们所期待的那样，他重新回到了洞穴或者是山上去思考他的哲学问题。据说当海德格尔带着无法洗刷干净的纳粹印记重返教席的时候,他的同事曾讥讽他道:"君从叙拉古来吧!"[75]的确,海德格尔在他的校长就职演讲中强调过柏拉图式的要求,以为现实政治提供哲学的基础。雅斯贝尔斯后来也认为,作为思想家的海德格尔本来是想用哲学思想来教育元首的。[76]

1945年,纳粹政权垮台后,法国的军管会要追究海德格尔的责任。一个所谓的清洗委员会要对海德格尔做出判决。对此,海德格尔感到非常吃惊,因为他确实没有罪恶感,至少没有法律意义上的犯罪感。在他看来情况是这样的:他在很短的一段时间内确实支持过纳粹政权,因为他当时把它看成了一场形而上学的革命。当这场革命不能解决它所承诺的问题时——至于这场革命向他承诺的问题是什么,海德格尔从未解释清楚过——,他就退出了这场革命,继续从事他的哲学研究,而不再受是否得到党的认可或是拒绝的影响。海德格尔感到他并没有隐瞒自己对这种体制的批评意见,而是在讲座中公开予以指斥。仅就这点而言,他对这种体制所负的责任理应要比大多数学者少得多,因为那些曾努力使自己适应纳粹政治的教授们却没有谁要对此负责。那么海德格尔究竟跟这一体制的犯罪有何牵连?

一直到1966年,海德格尔依然对要追究他的责任感到非常吃惊:"我不明白,为什么据我和当时的中央教育部长作的这些谈话就受到责难,而当时所有外国政府正忙于承认希特勒并给他以国际通行的礼遇。"[77]正如他向雅斯贝尔斯所承认的那样,他为自己曾短暂参与到了纳粹政权之中去而感到"羞耻"[78]。但是,这是一种因为"没有搞清楚"纳粹政治的真相而感到的羞耻。在他看来,他原本要追求的东西——觉醒、革新,和最终从现实政治中产生出来的东西很少有什么联系。在他带着哲学的激情投入到政治领域以后,他又重新将政治和哲学分开,在他看来,他重新赢得了他的哲学观点的纯洁性。他公开了他的思想历程,这就为他自己恢复了名誉。因此,他在法律和道德意义上,都没有感到自己有任何罪责。[79]

1945年9月,清洗委员会首先对海德格尔的政治行为做出了一个比较宽大的判决。理由是,虽然他开始时参与了纳粹政治,并在"德国的教育界面前"为这一政治作辩解,由此造成了"在向德国知识界论证这场革命的合理性方面起到了积极的作用,强化了德国知识界对于这场革命所抱的希望,甚至还从根本上妨碍了德国科学在这场政治巨变中的自主独立"[80]。但他从1934年以后,就不再是一个纳粹分子了。因此,委员会建议:海德格尔应提前退休,但可以不离开他的职位。他可以保留自己的教师职位,但不允许参加大学合议机构的活动。[81]

裁决委员会和法国的军事政府对清洗委员会这一宽大的判决表示反对,他们认为,如果海德格尔能够安然逃脱的话,那么就没有理由再对其他有罪证的教师采取措施。因此,清洗委员会受委托,再次对海德格尔的情况加以调查。[82]

海德格尔分别于同年11月4日和12月5日写了两封致清洗委员会的信,以为他自己辩解,其目的在于使他完全恢复名誉。[83]他想保留作为教师的所有权利和义务。但他却发现,大学方面为了取得军管会的信任,已做好了惩一儆百的准备。情况变得对他很不利,他表示自己已经做好了退休的准备。他现在只想保留自己的教师职位,当然还有他的退休金。他建议,让雅斯贝尔斯为他写一份鉴定,以使非纳粹化的程序朝着有利于自己的方向发展。

雅斯贝尔斯在1945年圣诞节的几天内写成的这份鉴定起到了相反的作用。[84]一开始,雅斯贝尔斯想拒绝写这份鉴定,但后来他感到自己有这个义务,特别是因为他在海德堡大学这个冬季学期里做了关于清理罪责的必要性的讲座:"罪责问题"。如果海德格尔早知道这个讲座的话,他就不会请求雅斯贝尔斯写这份鉴定了。因为雅斯贝尔斯在讲座中,也涉及了海德格尔。他说:"许多知识分子在1933年加入纳粹,为自己争取到领导角色,公开接受新的权力层的世界观。后来他们在私下被排挤,变得不再情愿……他们自认为是反纳粹人士。多年来,这些纳粹知识分子都有一种意识形态,认为他们自己在精神领域开诚布公地道出真相,维护了德意志精神的传承,预防了毁灭,即是说,他们每个人都做了贡献。"[85]雅斯贝尔斯认为,海德格尔曾有意识地以自己的学术影响和哲学方式来为纳粹革命服务,试图从哲学本体论的方面论证这一政治的合法性,这跟其他方式的为虎作伥并没有什么本质的区别。

海德格尔迫于自己在1945年末的窘境,间接地求助于雅斯贝尔斯,这使雅斯贝尔斯感到非常失望,因为他们夫妇在获得美军的解救后,希望得到海德格尔对自己行为的直接解释。但是什么也没有发生,雅斯贝尔斯在1945年秋季给海德格尔寄了一期由他主编的杂志《转变》,[86]并在该刊物的"序言"中公开了他对纳粹极权的看法,可是海德格尔对此却没有做出任何的反应。[87]

在一封写于1948年但并没有寄出的信中,雅斯贝尔斯这样评价自己1945年所写的那份鉴定:"在我冷漠的态度中,您不可能发现我内心的真实想法。我写这封信的目的在于使那些不可避免的事情尽量发生好的效果,使它能够在危险的境地中给您提供最大可能的帮助,从而使您能够继续工作下去。"[88]

雅斯贝尔斯为裁决委员会所写的鉴定中具有决定意义的句子如下:"在我们当今的情况下,我们要怀着极大的责任感去处理青年人的教育问题。我们追求一种完全的教学自由,但并不是直接地去建立这种自由。我认为,海德格尔的思考方式的本质是非自由的、独裁的、缺乏交流的,这样的思考方式在当今的教学活动中是危险的。在我看来,思考方式要比政治判断的内容来得重要,因为它的攻击性很容易改变方向。只要他还没有获得真正意义上的再生,这点可以从他著作中表露出来,那么我就认为,这样的一名教师对于当今内心还几乎没有抵抗能力的年轻人来说,是不能聘用的。直到年轻人能够进行独立的思考为止。"[89]雅斯贝尔斯的鉴定书实际上只是一位哲学家所做的有关政治的权威性判断,至于像《罪责问题》一样从政治本身出发进行分析,雅斯贝尔斯当时并没有这样做。[90]

雅斯贝尔斯认为,思维本身与政治实践是不可分的,他在《哲学自传》中追问道:"有没有这样一门哲学,其著作是真实的,而思想者在实际中的作用却是不真实的?"[91]哲学思想必然要成为一个对政治行为负责任的观念基础,没有哪种思想只存在于观念的真空中,而与行为无涉。但这其中也绝非哲学思想指导政治行为的简单的因果关系。对雅斯贝尔斯来讲,海德格尔的生平与思想构成了他作为一个人的全部,海德格尔在人格上和在哲学上的不负责任,[92]同样也反映在他以哲学为基础的对纳粹的投靠上。尽管如此,雅斯贝尔斯依然相信,海德格尔之所以与纳粹同流合污,在于他是一个不切实际的空想家,雅斯贝尔斯一直希望通过自己的努力来拯救海德格尔及其独树一帜的哲学。

雅斯贝尔斯的鉴定并没有一直停留在评判海德格尔为纳粹主义所做的表面活动上,而是认为海德格尔的思考方式对德国政治—道德的必要重建是有害的。一直到1966年,海德格尔在回答《明镜》周刊的记者提问时依然认为:"我认为今天的一个关键问题是,如何能够为技术时代安排出一个——而且是什么样的一个——政治制度来。我为这个问题提不出答案。我不认为答案就是民主制度。"[93]可见,雅斯贝尔斯并没有看走眼。

根据雅斯贝尔斯的这份鉴定,裁决委员会于1946年1月19日做出决定,建议法国军事政府强制海德格尔退休并取消了他的教师资格。这同样意味着海德格尔要离开他在大学中的职位,并只能获得少量的退休金。1946年底,法国军事政府对这个决定变得更加挑剔,并加重了惩罚的力度,即从1947年起规定取消海德格尔的退休金。不过,1947年5月,当局又收回了这一惩罚。这在后来并没有多大好转。作为"失败者"的海德格尔倍感"世态"之炎凉,他一定有"江头未是风波恶,别有人间行路难"的感叹,这从他给雅斯贝尔斯的书信中同样表现了出来。[94]

战后雅斯贝尔斯突然变成了有名的权威人士。他在纳粹时期受到的排斥使他一夜之间成了德意志民族良知的代表,对于这点,他起先感到非常难受,认为这是一种虚伪的谄媚。他怀疑这突如其来的荣誉,对他来说,就像"生活在虚幻之中",他想脱离这种生活:"他渴望逃避那'被阿谀逢迎的假名声',回到静寂的工作中去,而这才是他真正的使命。"[95]因此,雅斯贝尔斯在1948年夏季接受了巴塞尔大学的任命。在那里,雅斯贝尔斯从1949年年初开始,致力于为海德格尔解除对其教学的禁令。1949年6月5日,雅斯贝尔斯在给弗莱堡大学当时的校长特伦巴赫(Gerd Tellenbach,1903—1999)的信中写道:"马丁·海德格尔教授以他在哲学界的成就被誉为当代世界上最重要的哲学家之一。在德国没有人能够超越他。他那几乎是隐蔽的、对最深层问题的哲学思考只是间接地显现在他的作品中,而这有可能使他在当今贫乏的哲学世界中成为无与伦比的人物。现在,……像海德格尔这样的人应当能够安静地工作,完成、出版他的著作。……如果他愿意的话,也可以重新承担教学的任务。"[96]雅斯贝尔斯认为,尽管在海德格尔的思想中有文字游戏以及虚无主义的倾向,但跟其他哲学家相比,海德格尔的哲学深度是绝无仅有的。因此应当允许这样一位杰出的哲学家继续从事哲学研究,出版更多有价值的著作,培养更多有影响力的哲学后备力量。

1949年3月,对海德格尔的非纳粹化的审理程序结束了,其结论为:"纳粹的追随者。但不应对其予以制裁。"这一判定使弗莱堡大学开始商定取消对海德格尔的教学禁令。1949年5月,裁决委员会以勉强的多数票同意向教育部建议,海德格尔重新享受退休的权利,并同时取消对他的教学禁令。经过长时间的商量,直到1952/53年的冬季学期,海德格尔才得以重返讲台。至此,当时已经62岁的海德格尔终于可以如愿以偿地以弗莱堡大学哲学教授的身份授课,并主持研讨班了。

如何重建"净化之路"

尽管纳粹的统治仅有 12 年(1933—1945),但其毁灭性却极强,几乎葬送了德国的文化。因此在梳理罪责问题的时候,雅斯贝尔斯同样谈到有关战后重建被摧毁的生活的问题——净化之路。他指出:

> 在政治上,这意味着从内心的肯定出发,以法律的形式并以自己的痛苦为代价,为在希特勒德国遭难的民众重建一部分被摧毁的生活。[97]

这样的重建并非一件简单的事情。拿德语来讲,1945 年之后,著名作家伯尔(Heinrich Böll,1917—1985)通过翻译英语小说重新恢复被纳粹意识形态化的德语。在纳粹主义横行的 12 年中,德国文学处于与世界文学断裂的状态。因此,1945 年后德国作家面临着既要与其他西方国家接轨,同时又要接续德意志传统的历史使命。包括伯尔在内的年轻一代作家提出德国文学要重新开始,从零开始的口号。这就是德国文学史上有名的"废墟文学"(Trümmerliteratur)阶段。

在论述到"净化之路"的性质时,雅斯贝尔斯认为,这是人之为人的道路(der Weg des Menschen als Menschen)。[98]如果我们从四种罪责来看的话,净化之路更多地是针对"道德罪责"和"形而上的罪责"而言的。因此,这样的净化之路一定不是外在的,而是发自内心的：

> 净化不会首先通过外部行动发生，不会通过魔法发生。相反，净化是一个永不结束的内在过程，是自我的持续形成。净化关乎我们的自由。每个人都一次又一次地站在分岔路口，一边指向纯净，一边通往浑浊。[99]

因此，从罪责的判定，到对"道德罪责"和"形而上的罪责"的认识，再到"净化之路"，作为存在哲学家的雅斯贝尔斯尽管指出了一条德意志通向自由的道路，但他并不认为这是唯一的一条路：

> 并不是所有人同用一个净化模式。每个人都有自己的路径，它不会被任何人预料或标示出来。一般的思考只能起到提醒作用，也许可以使人警醒。[100]

每一个人要选择最适合自己的一条净化之路。雅斯贝尔斯将自己的哲学称作"实存哲学"（Existenzphilosophie）而非"实存主义"（Existentialismus），他认为，成为了所谓主义之后就变成了狭隘化和教条化的形式，而他的哲学永远存在于一个广阔的空间之中。雅斯贝尔斯对罪责问题的思考，所涉及的远远不止德国历史，它还包括了作为德国历史参照系的欧洲历史和整个西方史。如果我们从他的日耳曼身份认同来看的话，德意志对于他来讲显然是太狭隘了。当代历史学家温克勒（Heinrich August Winkler，1938—）指出：

只有放在这一体系中(指欧洲和整个西方史——引者注),衡量德国近代史的标准才会明晰起来:那是西方世界的标准,历史中的德国一度是西方的一份子,德国参与了建构西方世界,却不止一次地游离于西方之外,最后一次游离引发了世界史的一场大灾难。[101]

所谓德国的独特道路,后来最终还是汇入了以议会民主、共同市场以及法制规范为代表的西方主流。[102]

《罪责问题》出版之后,雅斯贝尔斯遭到了来自多方面的攻击。面对有些批评者在言论上攻其一点不及其余,还有一些完全是建立在廉价嗔怒的发泄基础之上的谩骂,无限夸大其词、上纲上线的各种做法,凡此种种,雅斯贝尔斯以其宽阔的心胸,在《罪责问题》的一开始就指出:"在思考这件事上,我们必须重整旗鼓。这就要求我们不沉迷于骄傲、绝望、愤怒、反抗、仇恨、蔑视,而是冰释这些情绪,睁眼面对现实。"[103]这也就是说,面对各种各样的指责,对德国人来讲重要的是要冷静下来,睁眼面对现实,而非盲目地反对。在《罪责问题》的结尾处,他指出:"如果我们激动于内心的震颤,那么来自外部的攻击就只是我们头上的浮云。它可能仍然会引发伤害和冒犯,但不会伤及我们灵魂的内核。"[104]雅斯贝尔斯认为,建立在内心赎罪基础之上的净化之路,同样是实现政治自由的前提。只有如此,才能坦然面对外来的各种攻击。

"克服过去"在联邦德国的发展

有关纳粹罪责的讨论,从"集体罪责"(Kollektivschuld)到"对纳粹主义过去的克服"(Vergangenheitsbewältigung)，使德国的罪责问题进入了公共话语，成为了联邦德国在政治、法律、学术和社会等众多领域被反复讨论的一个课题。而到了 20 世纪 60 年代末，在社会层面的讨论达到了顶峰，其后的 90 年代中期，这种讨论进入到了自我历史化的层面，出现了一系列由历史学家们写作的著作，开始历史地分析、批判德国人在各个领域"克服过去"的种种行为，对自雅斯贝尔斯以来的这段历史进行总结和反思。

针对战后德国人整体的认同危机，对纳粹的行径保持集体缄默(kollektives Beschweigen)的行为，雅斯贝尔斯的行为就仿佛是揭开了德国人心底的伤疤，非采用刮骨疗伤的方式，无法达到救赎的目的。雅斯贝尔斯提出罪责的问题并且以演讲课(Vorlesung)的形式在大学开设课程予以公开讨论，启迪了半个多世纪以来德国对罪责问题的反思。从研究的纵向来看，从联邦德国到后来统一后的德国，对待"克服过去"问题的讨论，经历了大致四个历史阶段。

1. 开始阶段(上世纪 40 年代后期—60 年代中期)：从对纳粹的揭露到沉默、排斥和回避的阶段。战争刚结束后的一段时间，西方占领当局通过"非军事化"、"非纳粹化"以及"民主化"运动，清除纳粹残余，引导德国民众对历史进行深刻的自我反省，取得了一定的成绩。但联邦德国建立之后的十几年，有关纳粹主义的历史反思依然举步维艰，对纳粹历史的反思与清算仅仅是个别现象，当时主导联邦德国的政治氛围是"集体缄默"。而国际上的冷战背景，特别是朝鲜战争爆发后，北约希望德国重建军队，在阿登纳(Konrad Adenauer, 1876—1967)带领下的民主政体重建，以及作为"经济奇迹"(Wirtschaftswunder)的德国复兴大业,使得政界把主要精力用在了政治和经济的重建上,历史学界也忙着与纳粹德国划清界限,并且将德国人塑造成纳粹统治的真正受害者。之后开始寻求对"克服过去"不同的理论阐释方式。

2. 转折阶段(上世纪60年代中期—70年代末):上世纪60年代中期由于反对美国侵略越南战争以及本国的保守势力而爆发的大规模学生运动,逐渐发展成为了清算纳粹历史的运动。学生们围绕纳粹起源和"犹太人大屠杀"等具体问题进行讨论,政治家们也跳出行政和立法的框架,直接围绕纳粹主义展开争论,二战的历史被系统地纳入了学校教育,民众对历史的自我反省意识加强了。学生运动促成的左翼自由主义的崛起导致了在史学界和政治界同时发生了"克服过去"的话语权的变更,战后新一代的德国人开始将自己从"集体缄默"所遗留下来的思想感情负担中解放了出来,并且对曾经犯下罪行的父辈保持了距离。标志性的事件是1970年12月时任联邦总理的社民党政治家勃兰特(Willy Brandt,1913—1992)在华沙犹太人纪念碑前下跪认罪,"华沙之跪"(Kniefall von Warschau)引起了全球瞩目,西德因此赢得了世界的尊敬,勃兰特本人在1971年获得了诺贝尔和平奖。

3. 深化阶段(上世纪80年代):这一阶段同时也是一个反复与争论的阶段。在这一阶段,学界出现了对纳粹研究之"客观性"与"历史化"的新呼声,有学者发出将联邦德国从纳粹主义的阴影中"解放"出来的呼声。在二战结束四十年后,德国一些政治和文化界精英认为已经到了摆脱希特勒阴影的时候了。有人质问道:如果德国的回忆永远停留在奥斯维辛上,那还会有未来吗?联邦总统魏茨泽克(Richard von Weizsäcker，1920—2015)在演讲中说道:"我们现在人口的绝大部分当时不是极年轻就是还未出生。他们不能为根本没有做过的事承认自己有罪。没有哪一个有感情的人会仅仅因为他们是德国人就让他们穿忏悔者的粗毛布衬衫。然而他们的先辈们给他们留下了一笔沉重的遗产。"[105]而历史学家温克勒却提出了，"我们必须学会带着历史继续生活，而不是事后改写历史"的德国人的生存之道。[106]史学界与政治界的对话达到了空前频繁的程度，从而使得"克服过去"的努力不断得到深化。

4. 正常化阶段(上世纪90年代以后)：随着柏林墙的倒塌，统一后的德国沿袭了原西德的国名，也继承了二战以来反思纳粹历史的传统，很多历史学家开始重新构思自己的认同——在欧洲寻找新的定位，从而形成了新的转折，其中也有诸多新的挑战。通过这一新的历史定位，纳粹时代和纳粹大屠杀等以往被定义为历史传统断裂的变异，成为了德国人自我的一部分，不再予以排斥或过度渲染，而是以平常的心态予以对待。这一阶段的标志性事件是1999年6月联邦众议院决定在柏林建造纪念六百万犹太人被纳粹屠杀的犹太人纪念碑。

1996年3月哈佛的历史学家戈德哈根(Daniel Goldhagen，1959—)出版了《希特勒的志愿行刑者：普通德国人与大屠杀》(*Hitler's Willing Executioners: Ordinary Germans and the Holocaust*. New York：Alfred A. Knopf，1996)一书[107]，戈德哈根通过对大量史实、幸存者回忆录等文献的分析，认为，德国历史上有着反犹的传统，希特勒的排犹和大屠杀是德国传统的继续。而在这一过程中，德国人是自觉自愿地、疯狂地参与到其中的。此书出版后,在德国的媒体界、学界和政界都引发了超过此前任何一次的历史争论。德国、美国和中国都有学者对历时一年多的"戈德哈根之争"进行过总结。[108]

从民众的角度来讲,他们反省历史的自觉意识,是德国长期以来一直坚持"克服过去"历史观的基础。实际上,对于大多数德国人来说,对于纳粹这段历史的认识是经历了一个"屈辱—回避—承认—正视"的艰难转化过程的,其中也有过多次的反复。但雅斯贝尔斯所确立的自我反省的净化之路,为逐步形成一种发自内心的反省历史和自我批判的意识,对纳粹制度的认识从感性上升到理性,进而正视历史,起到了关键的作用。

在有关"克服过去"的几个不同阶段,都建构了不同的关键历史事件。雅斯贝尔斯在《罪责问题》中尽管有两次提到"大屠杀"一词,但并没有作为纳粹的重要罪状去具体描述作为历史事件的大屠杀本身。换句话说,在1945—1946年德国学者并没有将大屠杀看作是纳粹主义的关键事件。而其后的发展,特别是1968年之后,纳粹大屠杀的意义,才随着时间的流逝而与日俱增。因此,吕森(Jörn Rüsen,1938—)教授认为:"在人们对纳粹时期的回忆逐渐获得历史意义特征的过程中,纳粹大屠杀也在同样程度上获得了自己的历史意义。"[109]

作为有良知的知识分子,雅斯贝尔斯对"罪责问题"的深入思考,一直影响着后来的知识分子。1998年,社民党的政治家多纳尼(Klaus von Dohnanyi,1928—)写道:

> 今天,谁要是真想让自己从属于这个有着自己的悲剧和

自己的全部历史的国家,谁要是认真而诚恳地理解自己身为德国人这个事实的话,他就必定会说:是我们把种族主义变成了民族大屠杀;是我们屠杀了大量犹太人;是我们在东部进行了灭绝人性的战争。因此,用瓦尔泽的话来说,这些罪行也是我们个人的耻辱;不是德意志帝国这个国家组织的耻辱;也不是别的德国人的耻辱——不,不是的,这是我们自己的耻辱,是我们自己犯下这些罪行的。……今天,德国人的认同不是通过别的东西,而恰恰就是通过我们都是来自这个耻辱的时代这个事实而得到定义的……。[110]

如果说雅斯贝尔斯认为,唯有通过自我的赎罪和自我的批判,德意志才能真正获得超越纳粹过去之路的话,那么多纳尼则在雅斯贝尔斯的基础之上,指明了德国"正常化"的途径。跟其他社会一样的德国社会,应当是一个为了生活在当今和未来,同时也应当正视过去的社会!

更深层次的思考

经历了纳粹惨绝人寰的统治之后,雅斯贝尔斯更重视人的独立思考能力了。他指出:

> 太多人根本不想反思,这就令情况变得雪上加霜。他们只求唯命是从,不发问也不回答,只是重复从别人那里学来的套话。他们只会声称和听令,不会审视和洞察,所以也不会被劝服。在需要审慎思考的时候,在通过洞察和说服寻求独立

性的时候,这些人根本就不想加入。[111]

实际上,《罪责问题》最根本的问题是后来阿伦特所指出的现代性的危机:现代人不再思考问题,不再作出自己的价值判断了。"这种盲目服从、趋之若鹜,这种发自本能、自觉心安理得、实则抛弃一切良知的行为,是完全负有道德罪责的。"[112]根本原因在于他们没有辨别的能力,从而成为了"共犯"。而这些正是雅斯贝尔斯指出的所有道德、形而上学等罪责背后的根本原因所在。

1946年8月17日,在美国的汉娜·阿伦特给她的博士导师雅斯贝尔斯写了一封长信。在信的一开始,她提到美国的一家出版社已经接受了《罪责问题》一书,由于长期以来德国都是敌对国,引进德国的书需要特别的许可,因此这本书的出版还需要假以时日。此外,她还在信中谈了版税和版权事宜。之后阿伦特将话题转到了对《罪责问题》的讨论上来:"您将纳粹政策看作罪行('刑事犯罪')的定义,我认为是很成问题的。在我看来,这一罪行超出了法律的界限,正是这一点促成了其无以言表的残暴性(Ungeheuerlichkeit)。对于这些罪行,已经不存在什么适当的惩罚了;将戈林(Göring)处以绞刑,尽管是必要的,但却完全是不相称的。这意味着,与所有类型的刑事罪责相反,这一罪责超出并打碎了所有的法律秩序。这也是为什么在纽伦堡诉讼中的那些纳粹分子们如此幸灾乐祸的原因;他们自然懂得上述的一切。"[113]阿伦特认为,跟以往暴君的征服欲和权力欲不同的是,纳粹主义所犯下的恶行是一种无法理解的、极端的恶。以希特勒为首的纳粹极权者认为,他们自身是全能的,已经超越了毁灭、屈辱等各种最极端的形式,他们试图通过改造人性本身来对抗另一个全能者——上帝。在 1951 年的英文著作《极权主义的起源》"初版序"中,阿伦特写道:"假如在极权主义的最后阶段真的出现了绝对的恶(说它绝对,是因为从人类可理解的动机来看无法再恶化了),那么如果没有它,我们就不可能懂得'恶'的真正的、彻底的本质是什么,这也是真的。"[114]此时的阿伦特更多地是以一种愤怒的心态谴责纳粹的残暴,并没有解释清楚这一恶的本质问题。

雅斯贝尔斯在 1946 年 10 月 19 日给阿伦特的信中,对她所谓的纳粹罪行难以理喻的极端的恶的观点,予以回应。他写道:"对您有关纳粹的行径超出了'罪行'的观点,我感到很可疑,因为超越所有刑事犯罪的罪责,都不可避免地会具有'重要'的特征——魔鬼般的重要特征,但根据我的感受,不论是纳粹,还是希特勒'恶魔般的'讲话,都没有什么重要的特征。在我看来,我们不得不从这些事物完全的平庸性来看待它们——细菌可能会产生令人致命的瘟疫,但细菌还是细菌。"[115]在这里,雅斯贝尔斯第一次提到恶的平庸性(Banalität)一词。这封信的这一段后来成为了阿伦特 1963 年关于艾希曼(Adolf Eichmann,1906—1962)审判的报告《艾希曼在耶路撒冷:关于平庸的恶的报道》(*Eichmann in Jerusalem: A Report on the Banality of Evil*,1963/*Eichmann in Jerusalem: Ein Bericht von der Banalität des Bösen*,1964)的副标题。[116]在艾希曼身上,阿伦特惊异地发现,这位纳粹刽子手并没有什么邪恶的动机或狂热的信念,他并非由于生性残忍才做出那些可怕的事情,尽管在被屠杀的 600 万犹太人中,大约有 200 万的死是跟他有着密切的关联的。艾希曼仅仅是一个平庸浅薄、近乎乏味的人,他之所以签发处死数百万犹太人的命令,在于他根本不动脑子,没有自己的思想、自己的语言,只会像机器一样顺从、麻木和不负责任地实施元首的"彻底解决方案",因为在这种情况下,屠戮计划只不过是平淡无奇的日常生活的一部分而已。在他的回答中,充斥了纳粹官方意识形态化的陈词滥调:"帮助犹太人"、"疏散"、"特殊处理"、"最终解决"等。阿伦特认为,真正的可怕并非在于杀人不眨眼的残忍,而在于可怕的正常,这种"平庸的恶"可以毁掉整个世界。

依据以往的经验,我们总是要为某一罪行找到其本初的动机所在,艾希曼的事件使阿伦特认识到,"极端的恶"并不能解释极权主义的根源,其真正的渊源应当是"平庸的恶"。艾希曼之所以敢冒天下之大不韪而犯下十恶不赦的罪行,是由于他完全不去思考,缺乏起码的判断力。阿伦特拒绝将恶神秘化、扩大化,认为那些令人发指的罪行,往往是一些没有思想的盲从者所为,这些人极易充当极权主义统治的工具。极权主义的政府使人成为了行政机器中的一个部件,逐渐使其丧失了人性。像艾希曼这样的施恶者,他们彻底放弃了思考的权利,以制度的思想代替了自己的思考,更加暴露了在现代社会中极权主义的可怕。在现代官僚主义的社会中,人类的恶源自思想的缺席!正是在这样的基础之上,阿伦特要求恢复每一个现代人思考的权利,人只要活着,就必须思考。正如康德(Immanuel Kant,1724—1804)所要求的那样,一个健全的人应当随时自由地运用自己的理性,做出自己的判断,而不为教条所束缚。[117]极权主义的恶是跟没有思想密切相关的,只有从思想——内在的良知中才能产生抗拒恶的重要力量,才能摆脱包括极权主义在内的意识形态的谎言。只有思想,才有能力提醒我们不忘记作为人的尊严,才有能力给予我们自由,帮助我们反抗奴役。极权主义正是借助于这样一个没有任何深度、没有任何动机的平庸的恶,摧毁了德国社会普遍的道德准则,这难道不令人深思吗?

在《罪责问题》一书中,雅斯贝尔斯也引用了阿伦特的观点:

> 汉娜·阿伦特有言:恐怖催生了惊人的现象,德国人民参与到了领导人的罪行当中。服从者变成了共犯,虽然范围有限,但却是人们始料未及的那些人,包括一家之父,勤劳公民,尽职尽责者——他们尽职尽责地工作,也尽职尽责地杀人,奉命去执行集中营里的其他勾当。[118]

这一问题是雅斯贝尔斯那一代的哲学家普遍关心的问题。1955年海德格尔也在他的著名演讲《放下》(*Gelassenheit*)中谈到所谓"计算性思考"(das rechnende Denken)的问题。他认为,人们用"计算性思考"来逃避真正的思想——对于存在的思考,亦即"省察性的深思"(das besinnliche Nachdenken)。[119]

雅斯贝尔斯自己承认,正是《罪责问题》的基本问题,使他开始思考历史的基本问题,包括关于世界史的问题以及我们在其中的处境问题,这些思考集中体现在他1949年出版的历史哲学著作《论历史的起源与目标》(*Vom Ursprung und Ziel der Geschichte*,1949)中。[120]

有关版本和译本的几点说明

《罪责问题》的德文版,1946年的版本,最初是由海德堡的朗伯特·施耐德(Lambert Schneider)出版社出版的,之后由苏黎世的阿特米斯(Artemis)出版社出版了瑞士版。

1947年在阿伦特的帮助下,在纽约出版了《罪责问题》的英译本:

The Question of German Guilt. Translated by E. B. Ashton [d.i. Ernst Basch]. New York：Dial Press, 1947, p. 123.

这个译本是由流亡在美国的德裔作家巴适(Ernst Basch, 1909—1983)翻译的。紧接着这个译本在1948年出了第2版。1961年纽约的另外一家出版社予以再版,1978年又重新影印了1947年的版本。《罪责问题》在美国先后出了四个版本,可见其在美国还是很有影响力的。

1948年,曾经在海德堡听过雅斯贝尔斯课程的瑞士哲学家赫尔施(Jeanne Hersch, 1910—2000)将《罪责问题》翻译成了法文,在巴黎的一家出版社出版,1990年出版了第2版。

除此之外,《罪责问题》还被翻译成了意大利语(1947)、瑞典语(1947)、西班牙语(1948)、现代希腊语(1959)、捷克语(1969/1991)等其他各种欧洲文字。[121]

在组织翻译"雅斯贝尔斯著作集"的过程中,我将大部分雅斯贝尔斯著作的日译本也搜集到了。桥本文夫(1909—1983)教授所翻译的《罪责问题》的四个版本我也通过关西大学的沈国威教授购得了:

『戦争の責罪』桜井書店 1950年(238頁)

『責罪論』(ヤスパース選集 X)理想社 1972年。改訳版(187頁)

『戦争の罪を問う』平凡社ライブラリー 1998年(232頁)

『われわれの戰爭責任について』（ちくま學芸文庫），築摩書房，2015年。（文庫本，243頁）

可以看出，从上世纪50年代开始，雅斯贝尔斯这部书的日译本一直不断再版。由此可见，日本社会对待雅斯贝尔斯观点的重视程度。

2017年4月我在韩国外国语大学演讲，其间也去了首尔的几家书店，在朴宰雨教授的帮助下买到了下面这本韩文的译本：

카를 야스퍼스 지음, 이재승 옮김：『죄의 문제 —시민의 정치적 책임』，앨피출판사，2014년 11월 30일.

因此，《罪责问题》的思想不仅仅在欧美国家有着很大的影响，在东亚的不同国家和时代，也一直有着不同的译本出现。中译本的出现，也为中国学者思考罪责问题提供了一手的文献。

结语

十六年之后的1962年，雅斯贝尔斯在《罪责问题》后记中对当年的一些问题，提出了他的新的看法。特别是他提到了1945年2—3月在战争末期联军对德累斯顿和维尔茨堡民众的大轰炸，他认为这是针对德国民众实施的恐怖行为："如果这些罪行也被公开讨论，那就太了不起了。那样就会把这场诉讼变成独一无二的世界历史事件。我当时就该这样写出来。"[122] 雅斯贝尔斯敢于直面一切的问题，二战期间由英国皇家空军和美国陆军航空队联合发动的针对德国文化名城和平民进行的大规模空袭行动，一直到今天依然是备受争议的重大事件。雅斯贝尔斯认为，他在1946年1、2月份的演讲中，没有涉及这些内容实际上是巨大的缺憾。其次是对纽伦堡诉讼提出的异议:"这场诉讼并没有建立起一个拥有世界法律的世界国家。"[123]雅斯贝尔斯认为,这场审判仅仅是一场虚假审判而已:"它实际上是战胜国针对战败国的一场一次性审判,其中缺少了共同的法律国家和战胜国的法律意志这两个基础。因此,它非但没有达到应有的目标,反而走向其反面。它没有建立法律公正,而是令人们对法律的不信任进一步升级。兹事重大,故失望之情令人一蹶不振。"[124]但无论如何,雅斯贝尔斯当年所倡导的"净化之路"依然是德国人重新赢回尊严、维护民族自信和发现自我之路。

雅斯贝尔斯的一生,经历了德国历史上最为激荡的时代:铁血宰相俾斯麦统治下的强大帝国,威廉二世时代作为世界主要经济大国向"世界政治"的过渡,政治上软弱但艺术和科学繁荣的"黄金20年"的魏玛共和国时期,第三帝国的纳粹专制统治,继而是东西德国的分裂。其间的两次世界大战,特别是第二次世界大战后德国的破碎和分裂,让雅斯贝尔斯不断思考德意志的身份以及德意志和纳粹的罪责问题。对于个人以及国家或民族所经历的一切及时进行总结,可以使以往的经验教训转化为自己生命经验的一部分。这些都有助于更为深刻地认识一个民族,及时地反思历史的经验教训。雅斯贝尔斯这样做了,这使得有良知的德意志人民,特别是知识分子得以释然。他对此写道:

> 每个德国人,每个理解这一切的人,在对这些灾难的形而上的经验中,肯定彻底转变了他的生存意识与自我意识。没人可以敦促或计划这一切如何发生。这是个人在孤独状态下

完成的事。无论结果如何,都必然成为未来铸造德意志灵魂的基石。[125]

其后的联邦德国尽管在"克服过去"的发展中也充满了争论、质疑、反复,在自我沟通与自我理解的过程中经历过波折,但其"净化之路"一直都是畅通的。"净化之路"所倡导的对纳粹这段历史的自我省察,在当时也真正地消除了德国在战后与英美等战胜国之间的隔阂。经历类似悲惨历史的民族并非只有德意志,但每当人们面对一段耻辱与羞愧的历史时,往往会背负沉重的心理负担,以至于有些民族的知识分子依然对曾经犯过的巨大错误乃至罪行保持沉默,以无历史性和粗暴冷酷的方式对待,从而没有实现真正意义上的转化,同时也导致了国民,乃至知识分子对常识性事物判断力的缺乏。这实际上是非常危险的,因为以往的灾难很有可能会卷土重来。由于没有像雅斯贝尔斯所倡导的以一种坦然的心境进行的自我批判的能力,就无法实现对过去一段的历史之路的超越。没有勇气承担自己的罪责,当然就不会得到道德层面的改造,也就不会有重生的尊严,自然也无法面对未来。

朱熹(1130—1200)在谈到"慎独"的时候,认为对待人所不知而己所独知之事,君子之心应"长存敬畏",不敢有丝毫的疏忽,此"所以存天理之本然,而不使离于须臾之顷也"(《中庸章句》)。在朱熹看来,"慎独"是"存天理"重要的方法。而儒家伦理学中的"知耻"要求君子对自己的过错要有自觉羞耻感。孔子提出"行己有耻"(《论语·子路》),认为士对自己不善的动机和行为应有羞耻之心,唯有这样才能履行所承担的使命和责任。朱熹将"知耻"和

"闻过"相提并论，认为："知耻是由内心以生，闻过是得之于外，人须知耻，方能过而改，故耻为重。"[126]因此，外在的审判对雅斯贝尔斯来讲仅仅是"闻过"而已，对于德国知识分子来讲，至关重要的是"知耻"！

雅斯贝尔斯在《罪责问题》的结尾处引用了《圣经》中的一个故事：

> 当我们放眼世间的大事时，我们最好能想到耶利米。在耶路撒冷被毁、国家与土地尽失之后，在他被最后一批出走埃及的犹太人强迫同行之后，他不得不目睹这些人如何向伊西斯献祭，希望她比耶和华对他们更有帮助，这时他的门徒巴录就绝望了。耶利米回答说："耶和华这样说：看哪！我所建立的，我必拆毁；我所栽种的，我必拔除。你要为自己图谋大事吗？不要图谋！"意思是，上帝在，就够了。当一切消失的时候，上帝还在，这是唯一不变的事。[127]

这个故事告诉我们，只要有"人之存在"，那么人就不会没有希望。本书的最后一句是："谦虚和节制，是我们的本分。"[128]在上帝的面前，人要知道自己的界限。

2018 年 6 月初稿

2022 年 6 月修订

于北京外国语大学历史学院

注释

[1] 见本书第 7 页。

[2] 有关雅斯贝尔斯对罪责问题的反思,请参考李雪涛:《痛定思痛——雅斯贝尔斯对纳粹集权时期罪责问题的反思》,《中华读书报》2005 年 10 月 19 日,第 18 版;安尼:《德国战后初期关于"集体罪责"的争论》,《同济大学学报(社会科学版)》,第 22 卷第 4 期(2011 年 8 月),第 18—23 页。

[3] 见本书第 85 页。

[4] 见本书第 85 页。

[5] Friedrich Meinecke, *Die deutsche Katastrophe. Betrachtungen und Erinnerungen*. Wiesbaden: 2. Aufl. 1946,[德]迈内克著,何兆武译:《德国的浩劫》,北京:商务印书馆,2012 年。

[6] Gerhard Ritter, *Europa und die deutsche Frage. Betrachtungen über die geschichtliche Eigenart des deutschen Staatsdenkens*. München, 1958.

[7] [德]勒佩尼斯著,刘春芳、高新华译:《德国历史中的文化诱惑》,南京:译林出版社,2010 年,第 155 页。

[8] 见本书第 9 页。

[9] 见本书第 10 页。

[10] 见本书第 35—36 页。

[11] 见本书第 10 页。

[12] 见本书第 10 页。

[13] 见本书第 4 页。

[14] 见本书第 80 页。

[15] Karl Jaspers, *Der philosophische Glaube angesichts der Offenbarung*. München 1962. - 3. Aufl. 1984, S. 150.

[16] Karl Jaspers, *Philosophie II*. Berlin 1932. - 4. Unveränderte Aufl. Berlin-Heidelberg-New York 1973. S. 56.

[17] 见本书第 1 页。

[18] 见本书第 5 页。

[19] 见本书第 5 页。

[20] Hans Saner, *Karl Jaspers*. S. 53.

[21] 见本书第 2 页。

[22] Cf. Karl Jaspers, *Hoffnung und Sorge. Schriften zur deutschen Politik 1945—1965*. München 1965. S. 19.

[23] 见本书第 12—13 页。

[24] 见本书第 45 页。

[25] 见本书第 13 页。

[26] 见本书第 49 页。

[27] 见本书第 50—51 页。
[28] 见本书第 43 页。
[29] 见本书第 15 页。
[30] Karl Jaspers, *Hoffnung und Sorge. Schriften zur deutschen Politik 1945—1965*. München 1965. S. 32.
[31] ［德］温克勒著,丁君君译:《永远活在希特勒阴影下吗?》,北京:生活·读书·新知三联书店,2011 年,第 169 页。
[32] 见本书第 13 页。
[33] 早在 1941 年英国外交官罗伯特·范斯塔特爵士(Robert Vansittart, 1881—1957)就曾对德国人主动参与、支持纳粹的行径进行过批评,并认为日后应集体对此负责。参见 Ulrich Herbert (Hrsg.), *Wandlungsprozesse in Westdeutschland. Belastung, Integration, Liberalisierung 1945— 1980*. Gättingen 2002. S. 53 ff. 后来北美的历史学家威特(Robert G. L. Waite, 1919—1999)专门在他的文章《大屠杀及其历史解释》中予以讨论:"The Holocaust and Historical Explanation". In: *Genocide and the Modern Age*. Edited by Isidor Wallimann and Michael N Dobkowski, New York: Greenwood Presee, 1987. pp. 176.
[34] 见本书第 14 页。
[35] 见本书第 16 页。
[36] 见本书第 16 页。
[37] 见本书第 20 页。
[38] 见本书第 21 页。
[39] Karl Jaspers, *Die Antwort an Sigrid Undset*. Konstanz: Südverlag, 1947 (Im Anhang: *Die Umerziehung der Deutschen von Sigrid Undset*). Cf. Hans Saner, *Karl Jaspers*. S. 54.
[40] 见本书第 21 页。
[41] 见本书第 31 页。
[42] 见本书第 31—32 页。
[43] 见本书第 32 页。
[44] 见本书第 39 页。
[45] 见本书第 62—63 页。
[46] 迪克(István Deák,1926—)在《审问欧洲》中写道:"最糟糕的就是蔓延全欧的同情心和人性危机。大多数欧洲人对犹太人、吉普赛人、宗教人士和同性恋邻居的命运冷漠视之,不仅如此,还有数百万欧洲人参与了抓捕,或者至少从那些受害人的消失和死亡中牟利。……真正能够代表欧洲人的——或者是更能代表欧洲人的——仍然是这些人:随时准备把犹太同胞交给盖世太保的挪威警察,兢兢业业为纳粹占领者准备一份精确'犹太人名单'的荷兰官员,一接到当局电话就毫不迟疑地奔赴铁路站的

匈牙利医生和助产士，他们火急火燎自然是为了当局承诺的加班费，更是为了在等待驱逐的犹太妇女身上寻找藏起来的珠宝。还有一些国营铁路公司把犹太人和其他被驱逐的人运送到东欧集中营和死亡集中营，他们把这些凡人塞进家畜用小车，却收着游客团的费用。"［美］迪克著，舒琦译：《审问欧洲：二战时期的合作、抵抗与报复》，北京：中信出版集团，2018年，第241页。

[47] 见本书第65页。

[48] 见本书第67—68页。

[49] 见本书第77页。

[50] 见本书第77页。

[51] Hans Saner, *Karl Jaspers*. S. 53.

[52] Cf. Hans Saner, *Karl Jaspers*. S. 54.

[53] *Hannah Arendt/Karl Jaspers. Briefwechsel* 1926—1969，2001（2. Aufl.），S. 95.

[54] *Hannah Arendt/Karl Jaspers. Briefwechsel* 1926—1969，2001（2. Aufl.），S. 95.

[55] 参见［德］埃尔德曼著，华明等译：《德意志史》第四卷世界大战时期（1914—1950）下册，北京：商务印书馆，1986年，第190页。

[56] Cf. Hans Saner, *Karl Jaspers*. S. 44-45.

[57] Cf. Hans Saner, *Karl Jaspers*. S. 45-46.

[58] Karl Jaspers, *Schicksal und Wille. Autobiographische Schriften*. Herausgegeben von Hans Saner. Müchen: R. Piper & Co. Verlag, 1967, S. 143-144.

[59] Ibid., S. 148.

[60] Ibid., S. 151.

[61] Ibid., S. 153.

[62] Heinrich Heine, „Nachtgedanken", in: Zeitgedichte. In: *Heinrich Heine. Werkausgabe im Taschenbuch*. Ausgewählt und herausgegeben von Martin Greiner. Erster Band. Bergisch Gladbach: Gustav Lübbe Verlag, o. J. S. 298-299.

[63] ［德］海涅著，钱春绮译：《新诗集》，上海：上海译文出版社，1982年，第128页。

[64] Wolf Lepenies, *The Seduction of Culture in German History*. Princeton University Press, 2006. p. 138.

[65] 转引自：［德］勒佩尼斯著，刘春芳、高新华译：《德国历史中的文化诱惑》，2010年，第166页。

[66] 见本书第71页。

[67] 见本书第70页。

[68] 见本书第 71 页。
[69] [德] 勒佩尼斯著,刘春芳、高新华译:《德国历史中的文化诱惑》,2010 年,第 163 页。
[70] Wilhelm Röpke, *Die deutsche Frage*. Rentsch, Erlenbach ZH 1945. S. 130.
[71] Henry Pachter, "On Being an Exile: An Old-Timer's Personal and Political Momir." In: *Salmagundi* 10‐11（1969—1970）, p. 12‐51. Here p. 14. 此处转引自:[德] 勒佩尼斯著,刘春芳、高新华译:《德国历史中的文化诱惑》,2010 年,第 170 页。
[72] 参见[德] 勒佩尼斯著,刘春芳、高新华译:《德国历史中的文化诱惑》,2010 年,第 175—176 页。
[73] 这一部分参见[德] 比默尔、[瑞士] 萨纳尔编,李雪涛译:《海德格尔与雅斯贝尔斯往复书简（1920—1963 年）》(以下简称《书简》),上海:上海人民出版社,2012 年,第 74—79 页。部分内容有改动。
[74] 不过,对海德格尔来说,从大学校长的位置上下来,是他人生巨大的败笔。他在 1935 年 7 月 1 日致雅斯贝尔斯的信中提到了自己人生中所谓的"令人烦恼的两件事"(zwei Pfähle),除了与家族传统的信仰的决裂外,就是他在大学校长职位方面的失败了。见前揭《书简》,第 240 页。
[75] 这其中的典故是:由于知识分子对暴政固执的激情,柏拉图曾三次赴叙拉古,去规劝戴奥尼素用哲学和正义治国。其结果是大家都知道的,老少戴奥尼素并没有因为柏拉图的教化而有所改变,暴君依然是暴君,城邦生活一如既往被僭主的暴君所左右。最终柏拉图经受种种磨难,靠侥幸才得以脱身。参见:[美] 马克·里拉(Mark Lilla)著,邓晓菁、王笑红译:《当知识分子遇到政治》,北京:新星出版社,2005 年,第 40 页。
[76] Karl Jaspers, *Notizen zu Martin Heidegger*, Hrsg. von Hans Saner, München, Zürich: R. Piper & Co. Verlag, 1978, 1989 (Neuausgabe). Nr. 166, S. 183.
[77] 熊伟译、王炜编:《熊译海德格尔》,上海:同济大学出版社,2004 年,第 279 页。
[78] 1950 年 4 月 8 日海德格尔致雅斯贝尔斯信,见前揭《书简》,第 280 页。
[79] 出处同上,第 280—283 页。
[80] "清洗委员会 1945 年 9 月的报告",见[德] 雨果·奥托著,刘清平译:《马丁·海德格尔与非纳粹化运动》,《开放时代》,2000 年第 5 期,第 95—96 页。
[81] 出处同上。
[82] 参见前揭《书简》,第 348 页。
[83] 这两封信的中文译文见上揭[德] 雨果·奥托:"马丁·海德格尔与非纳粹化运动"之"附录二、三",《开放时代》,2000 年第 5 期,第 96—101 页。

[84] 这封信的全文被收录在上揭《书简》的注释之中(第348—351页)。
[85] 见本书第43页。
[86] *Die Wandlung*(《转变》)月刊第一期上刊有雅斯贝尔斯的"序言"(第3—6页),"大学的革新演讲"(第66—74页)。
[87] 雅斯贝尔斯在1948年3月1日一封致海德格尔但并没寄出的信中称,他给海氏寄去的《转变》杂志,海氏并没有回信。见前揭《书简》,第250页。
[88] 出处同上,第249页。
[89] 此处引文见上揭《书简》,第350页。
[90] 雅斯贝尔斯一直到晚年,依然在苦苦地思考这个问题。他在上世纪60年代曾写道:"海德格尔常常要比纳粹党所要求的走得还要远。"(Karl Jaspers, *Notizen zu Martin Heidegger*, 1989. Nr. 166, S. 183.)"亲纳粹是他(海德格尔——引者注)思想发展的结果。"(Karl Jaspers, *Notizen zu Martin Heidegger*, 1989. Nr. 167, S. 184‐185.)这时的他更强调海德格尔应负的政治责任。
[91] Karl Jaspers, *Philosophische Autobiographie*. S. 104.
[92] 雅斯贝尔斯在不同场合多次强调过海德格尔在人格上的不负责任,例如:Karl Jaspers, *Notizen zu Martin Heidegger*, 1989. Nr. 68, S. 92.
[93] 见前揭《熊译海德格尔》,第282页。
[94] 1949年11月23日海德格尔致雅斯贝尔斯书信,第136封,见前揭《书简》,第269—270页。
[95] Cf. Hans Saner, *Karl Jaspers*. S. 55.
[96] 见前揭《书简》,第352—353页。
[97] 见本书第80页。
[98] 见本书第81页。
[99] 见本书第81页。
[100] 见本书第81—82页。
[101] [德]温克勒著,丁君君译:《永远活在希特勒阴影下吗?》,北京:生活·读书·新知三联书店,2011年,"前言"第3页。
[102] 参见[德]勒佩尼斯著,刘春芳、高新华译:《德国历史中的文化诱惑》,南京:译林出版社,2010年,第151页。
[103] 见本书第2页。
[104] 见本书第83页。
[105] [美]艾伦·沃森著:《德国人——他们现在是谁》,北京:德意志联邦共和国大使馆,1997年,第54页。
[106] [德]温克勒著,丁君君译:《永远活在希特勒阴影下吗?》,2011年,第160页。
[107] 该书的德文版也在同一年出版:*Hitlers willige Vollstrecker. Ganz gewöhnliche Deutsche und der Holocaust*. Übers. v. Klaus Kochmann,

Berlin: Wolf Jobst Siedler Verlag, 1996. Taschenbuch: Siedler Taschenbücher, 1998. 本书 1998 年被译成中文：贾宗谊译：《希特勒的志愿行刑者：普通德国人与大屠杀》，北京：新华出版社，1998 年。

[108] ZEITdokument Nr. 1/96: *Die Goldhagen-Kontroverse*, Zeitverlag Gerd Bucerius, 1996; Julius H. Schoeps（Hrsg.）, *Ein Volk von Mördern? Die Dokumentation zur Goldhagen-Kontroverse um die Rolle der Deutschen im Holocaust*. Hamburg: Hoffmann und Campe, 1996; Robert R. Shandley（editor）, *Unwilling Germans? The Goldhagen Debate*. Univ of Minnesota Press, 1998. 中文有：孟钟捷《统一后德国的身份认同与大屠杀历史争议——1996 年的"戈德哈根之争"》，见《世界历史》2015 年第 1 期，第 55—68 页。

[109] 吕森：《纳粹大屠杀、回忆、认同——代际回忆实践的三种形式》，收入：[德] 韦尔策编，季斌等译：《社会记忆：历史、回忆、传承》，北京：北京大学出版社，2007 年，第 179—194 页，此处见第 179 页。

[110] Klaus von Dohnanyi, „Eine Friedensrede. Martin Walsers notwendige Klage". In: *Frankfurter Allgemeine Zeitung*, 14. 11. 1998. S. 33. 此处转引自：[德] 韦尔策编，季斌等译：《社会记忆：历史、回忆、传承》，2007 年，第 188 页。

[111] 见本书第 8 页。

[112] 见本书第 41 页。

[113] *Hannah Arendt/Karl Jaspers. Briefwechsel* 1926—1969, Hrsg. von Lotte Köhler und Hans Saner, München, Zürich: R. Piper & Co. Verlag, 1993, 2001(2. Aufl.). S. 90.

[114] [美] 汉娜·鄂兰著，林骧华译：《极权主义的起源》（近代思想图书馆系列 033），台北：时报出版公司，1995 年，第 3 页。

[115] *Hannah Arendt/Karl Jaspers. Briefwechsel* 1926—1969, 2001（2. Aufl.）. S. 98‑99.

[116] Cf. *Hannah Arendt/Karl Jaspers. Briefwechsel* 1926—1969, 2001(2. Aufl.). S. 736, Anm. 7 zu Brief 46.

[117] 参见 [德] 雅斯贝尔斯《康德》，收入：[德] 雅斯贝尔斯著，李雪涛等译：《大哲学家》，北京：社会科学文献出版社，2010 年，第 473 页及以下。

[118] 见本书第 54—55 页。

[119] Martin Heidegger, *Gelassenheit*. Stuttgart: J. G. Cotta'sche Buchhandlung, 1959. S. 13.

[120] [德] 雅斯贝尔斯著，李雪涛译：《论历史的起源与目标》，上海：华东师范大学出版社，2018 年。

[121] Cf. Christian Rabanus（Hrsg.）, *Primärbibliographie der Schriften Karl Jaspers'*. Tübingen und Basel: A. Francke Verlag, 2000.

S. 92-94.
- [122] 见本书第 88 页。
- [123] 见本书第 89 页。
- [124] 见本书第 89 页。
- [125] 见本书第 47 页。
- [126] [宋] 黎靖德编,杨绳其、周娴君校:《朱子语类》第 3 卷,长沙:岳麓书社,1997 年,第 2156—2157 页。
- [127] 见本书第 83—84 页。
- [128] 见本书第 84 页。

人名索引

A

阿登纳,康拉德(Adenauer, Konrad 1876—1967)——德国政治家、联邦德国首任总理 118

阿多诺,西奥多(Adorno, Theodor W. 1903—1969)——德国哲学家、社会学家 107

阿伦特,汉娜(Arendt, Hannah 1906—1975)——德裔美国思想家、政治理论家 54,55,102,103,123-127

艾略特,托马斯(Eliot, Thomas S. 1888—1965)——英国诗人、作家 102

艾希曼,阿道夫(Eichmann, Adolf 1906—1962)——纳粹军官,犹太人大屠杀主要负责者 124,125

爱因斯坦,阿尔伯特(Einstein, Albert 1879—1955)——犹太裔物理学家、科学家 104

B

巴录(Baruch)——先知耶利米的门徒 84,131

巴适,厄恩斯特(Basch, Ernst 1909—1983)——德裔美国作家 127

俾斯麦,奥托·冯(Bismarck, Otto von 1815—1898)——德意志帝国宰相 108,129

伯尔,海因里希(Böll, Heinrich 1917—1985)——德国作家 115

柏拉图(Plato 428/427? —348/347 v. Chr.?)——古希腊哲学家 44,67,109,135

勃兰特,维利(Brandt, Willy 1913—1992)——德国政治家、总理 119

139

布伯,马丁(Buber, Martin 1878—1965)——犹太裔哲学家、神学家 102

布莱希特,贝尔托(Brecht, Bertolt 1898—1956)——德国剧作家、诗人 102

D

多纳尼,克劳斯·冯(Dohnanyi, Klaus von 1928—   )——德国政治家 121,122

F

弗莱塔克,威廉(Freytag, Wilhelm 1873—?)——苏黎世大学教授 104

韦尔弗,弗朗茨(Werfel, Franz 1890—1945)——奥地利作家 54

弗里彻,汉斯(Fritzsche, Hans 1900—1953)——纳粹德国宣传部新闻司司长 88

G

戈德哈根,丹尼尔(Goldhagen, Daniel 1959—   )——美国历史学家 120,121,137

戈林,赫尔曼·威廉(Göring, Hermann Wilhelm 1893—1946)——纳粹德国政军领袖、战犯 123

戈特沙尔克,保罗(Gottschalk, Paul 1880—1970)——雅斯贝尔斯妻子的表兄 104

格特鲁德(Gertrude, 1256—1301)——修女、神秘主义者 105

H

海德格尔,马丁(Heidegger, Martin 1889—1976)——德国哲学家、思想家 108-114,126,135,136

海涅,海因里希(Heine, Heinrich 1797—1856)——德国诗人、小说家 105,134

赫尔施,让娜(Hersch, Jeanne 1910—2000)——瑞士哲学家 127

黑格尔,弗里德里希(Hegel, G. W. Friedrich 1770—1831)——德国哲学家 104

胡伯,库尔特(Huber, Kurt 1893—1943)——慕尼黑大学教授,反纳粹抵抗组织"白玫瑰"主要成员 54

麦克唐纳,怀特(Macdonald, Dwight 1906—1982)——美国作家、社会评论家 54,64

J

加缪,阿尔伯特(Camus, Albert 1913—1960)——法国作家、哲学家 102

杰克逊,罗伯特(Jackson, Robert H. 1892—1954)——美国政治家、法学家,于纽伦堡诉讼中担任美国总检察官 29,30,34

K

卡施尼茨,玛丽·路易丝(Kaschnitz, Marie Luise 1901—1974)——德国作家 102

康德,伊曼努尔(Kant, Immanuel 1724—1804)——德国哲学家、作家 31,125,137

孔子(551?—479 v. Chr.?)——中国春秋时期思想家、教育家,儒家学派创始人 130

L

兰克,利奥波德·冯(Ranke, Leopold von 1795—1886)——德国历史学家 58,107

乔治,劳埃德(George, David Lloyd 1863—1945)——英国政治家,第一次世界大战期间领导战时内阁 26

勒佩尼斯,沃尔夫(Lepenise, Wolf 1941—)——德国社会学家 91,132,134-136

里宾特洛甫,约阿希姆·冯(Ribbentrop, Joachim von 1893—1946)——纳粹

德国时期驻英国大使、外交部长　62,101

里特尔,格哈德(Ritter, Gerhard 1888—1967)——德国历史学家　91

伦茨,西格弗里德(Lenz, Siegfried 1926—2014)——德国作家　50

勒普克,威廉(Röpke, Wilhelm 1899—1966)——德国经济学家、哲学家　62,63,108

罗特菲尔斯,汉斯(Rothfels, Hans 1891—1976)——德国历史学家　103

吕森,约恩(Rüsen, Jörn 1938—　)——德国历史学家、历史哲学家　121,137

M

曼,托马斯(Mann, Thomas 1875—1955)——德国小说家、散文家　102,104,106,107

梅涅克,弗里德里希(Meinecke, Friedrich 1862—1954)——德国历史学家　91

墨索里尼,贝尼托(Mussolini, Benito 1883—1945)——意大利国家法西斯党党魁　60,61

N

拿破仑(Bonaparte, Napoléon 1769—1821)——法兰西第一帝国皇帝、军事家、政治家　25,50

尼采,弗里德里希·威廉(Nietzsche, Friedrich Wilhelm 1844—1900)——德国哲学家、思想家　3

尼莫勒,马丁(Niemoller, Martin 1892—1984)——反纳粹神学者,路德派牧师　54

P

帕赫特,亨利(Pachter, Henry 1907—1980)——美国历史学家、政治学家　108

帕彭,弗朗茨·冯(Papen, Franz von 1879—1969)——德国政治家、外交家,

1932年担任德国总理 62,88,100

朴宰雨(1954—)——韩国汉学家 128

Q

桥本文夫(1909—1983)——日本学者 127

丘吉尔,温斯顿(Churchill, Winston 1874—1965)——英国前首相、政治家 62,101

S

萨纳尔,汉斯(Saner, Hans 1934—)——瑞士哲学家 102,135

萨特,让-保罗(Sartre, Jean-Paul 1905—1980)——法国哲学家、文学家 102

沙赫特,亚尔马(Schacht, Hjalmar 1877—1970)——德国经济学家、银行家 88

绍尔兄妹(Geschwister Scholl 1918—1943,1921—1943)——一般指汉斯·绍尔与苏菲·绍尔,慕尼黑大学学生,反纳粹抵抗组织"白玫瑰"主要成员 54

沈国威(1954—)——日本关西大学教授 127

施坦贝尔格,道尔夫(Steinberger, Dolf 1907—1989)——政治学家、记者 102

T

特伦巴赫,格尔德(Tellenbach, Gerd 1903—1999)——曾任弗莱堡大学校长 114

W

威廉二世(Wilhelm II von Deutschland 1859—1941)——德意志帝国末代皇帝 32,129

韦尔弗,弗朗茨(Werfel, Franz 1890—1945)——奥地利作家 54

魏茨泽克,里夏德·冯(Weizsäcker, Richard von 1920—2015)——德国政治家,曾任德国总统　102

魏茨泽克,维克多·冯(Weizsäcker, Viktor von 1886—1957)——德国医生、哲学家　102

温克勒,海因里希·奥古斯特(Winkler, Heinrich August 1938—　)——德国历史学家　116,120,133,136

翁塞特,西格丽德(Unset, Sigrid 1882—1949)——挪威作家　99

X

希特勒,阿道夫(Hitler, Adolf 1889—1945)——纳粹德国元首、总理　6,26,28,30,31,34,38-40,42,45,54,59-64,66,69,71,80,86,87,91,93,96,97,99-101,103,104,106,109,115,119,120,123,124,133,136,137

兴登堡,保罗·冯(Hindenburg, Paul von 1847—1934)——德国政治家、军事家,魏玛共和国第二任总统　38

Y

伊西斯(Isis)——古埃及神话中的生命女神　84,131

Z

朱熹(1130—1200)——中国南宋时期思想家、教育家、诗人　130

事项索引

A

阿比西尼亚战争(Abessinienfeldzug) 60
爱的斗争(Liebender Kampfe) 14,19,81,97
盎格鲁-撒克逊(Angelsächsische) 66,86-88

B

暴力(Gewalt) 12,15,17,18,23,31,33-36,39,60,62,67,75,95,99
贝尔森集中营(Belsen) 25
波坦帕谋杀者(Potempa-Mörder) 86
不完满性(Unvollendbarkeit) 81

C

超验(Transzendenz) 7,70,81,90
沉默(Schweigen) 4,5,24,43,64,70,75,76,81,85,91,94,96,118,130
重塑(Umschmelzung) 43,73

D

党卫军(Schutzstaffel, SS) 7,29,42
道德政策(Moralische Politik) 61
德累斯顿(Dresden) 88,128
德意志性(Alles Deutsch) 7,52
独裁(Diktatur) 16,43,66,80,112

E

恶(Böse)　24,40,42,51,67,73,74,101,123-126

恩赦(Gnade)　17,18,32,95

F

法利赛主义(Pharisäismus)　54

法利赛主义者(Pharisäer)　69

梵蒂冈(Vatikan)　62,100

《凡尔赛和约》(Friedensvertrag von Versailles)　60

反犹主义(Antisemitismus)　64,108

分殊(Unterscheidung)　10,12,14,23,35,47,49,52,94

G

盖世太保(Gestapo)　7,29,39,99,133

公正,正义(Gerechtigkeit)　3,14,16-18,23,24,26,35,36,41,54,61,62,66,77,78,83,88,89,93,129,135

个人价值感(Selbstwertgefühl)　79

共同担当(Mitverantwortung)　82

共同归属感(Zusammengehörigkeitsgefühl)　48

共同责任(Mithaftung)　30,37,38,52,82

国际法(Völkerrecht)　12,17,23,31,99

国族(Staatvolk)　5

H

《海牙公约》(Haager Konvention)　17

和解(Wiedergutmachung)　16,24,31,41,46,65,78,80,97

华沙之跪(Kniefall von Warschau)　119

悔悟,悔意(Reue)　39,100

悔罪（Schuldbekenntnis） 9,71,92

J

集体（Kollektiv） 19,20,35,37,48,49,52,68,79,98,118,119,133
 集体式思维（Kollektivdenken） 20,28,48,49,68,98
集中营（Konzentrationslager，KZ） 7,54,55,61,65,76,107,126,134
交往（Kommunikation） 93,94
净化（Reinigung） 4,15,27,39,68,69,73,75,80-83,93,100,115-117,121,
 129,130
军国主义（Militarismus） 57
军人荣誉（Soldatische Ehre） 40
军人气质的证明（Soldatische Bewährung） 40

K

凯洛格公约（Kellogg-Pakt） 35
考文垂（Coventrys） 88

L

莱茵兰地区（Rheinland） 62
类型概念（Typenbegriff） 20
良知（Gewissen） 13,22,30,39-41,47,87,96,100,103,113,121,123,
 125,129
 虚假良知（Falsches Gewissen） 39-41
6·30 谋杀案（Morden des 30. Juni） 70
鹿特丹（Rotterdam） 88

M

满洲（Mandschurei） 60
民族社会主义（Nationalsozialismus） 3,5,6,42,69,74,86,87,93

147

N

内心改造(Innere Umkehrung) 10,70,92

纽伦堡诉讼(Nürnberger Prozeß) 29,31,35,37,86,93,99,123,129

O

《欧洲国际军事法庭宪章》(Statut des Internationalen Militärgerichtshofes) 29

P

普遍性(Allgemeine) 77

普鲁士(Preußen) 56,105,107

 普奥之战(Preußen und Österreich) 25

 普鲁士德国(Preußisch‐Deutsch) 3

Q

骑士精神(Ritterlichkeit) 31,99

起源(Ursprung) 2,14,19,27,73,94,103,119,124,126,137

虔诚(Pietät) 7,73,74

去纳粹化(Denazifikation) 69

全面历史观(Totalauffassung der Geschichte) 78

全面评价(Totalurteil) 78

全面直观(Totalanschauung) 79

R

人道行动(Menschheitliche Tat) 74

人之存在(Menschsein) 52,67,90,131

人之为人(Menschen als Menschen) 10,15,59,67,81,93,115

人种学(Rassenkunde) 58

《日内瓦公约》(Genfer Konvention) 17

S

失败的场域(Ebene des Scheiterns) 79

实存、现实存在(Dasein) 12,15-18,22,39,44,81,83

 实存的前提条件(Daseinsvoraussetzung) 18

 实存幸福(Glück des Daseins) 83

世界政府(Weltregierung) 35,92

世界秩序(Weltordnung) 34-36

水平化(Nivellierung) 80

随时服从(Jederzeitiger Gehorsam) 43,96

T

通用类概念(Gattungsbegriff) 20

W

维尔茨堡(Würzburg) 88,128

无所不包的唯一性(Einziges Umfassenden) 10

无条件境地(Unbedingtheit) 14

X

希特勒德国(Hitlerdeutschlands) 6,26,28,31,40,54,60,64,80,100,115

刑事犯罪(Verbrechen) 16,18,19,28,29,44,97,123,124

休戚与共(Solidarität) 13,82,85

Y

耶路撒冷(Jerusalems) 83,124,131

意志(Wille) 6,10,12,16,27,34,37,40,43,46,47,51,52,56,57,62,67,73,
 75,78,82,89-93,96,98,99,101,102,104-108,111,113,115,116,122,
 129,130,134,136

权力意志(Machtwille) 71,81

犹太人(Juden) 6,20,21,25,45,48,49,52,64,71,83,88,96-98,101,106-108,119,120,122,124,125,131,133,134

有限性(Endlichkeit) 81

与人共在(Mitmenschen) 93

原罪(Erbsünde) 68,95

Z

战胜国(Siegermacht) 5,9,10,25,28,32,33,46,60,65,67,68,80,85,86,89-93,100,129,130

政治责任(Politische Haftung) 1,12,14,17,18,21,30,37,38,46-49,69,79,97,99,136

政治主观行动(Politische Willensakte) 17

主管机关(Instanz) 12,13,24,33,47,96

专政(Regime) 7,30,42,44,53,62,80,100

自然法(Naturrecht) 12,17,18,23,33

自我欺骗(Selbsttäuschung) 4,42

自我意识(Selbstbewußtsein) 10,16,27,40,47,68,79,83,85,92,98,107,129

罪责(Schuld) 1,9,10,12-14,16-18,21-28,31,33,34,37,39-42,44,46-48,50,51,53-55,58-60,64,65,67,68,72-74,76-82,85,90-95,97,99-103,105,110-112,115-118,121,123,124,126-132

道德罪责(Moralische Schuld) 13-16,22,27,37-39,41,42,44,46-49,95,97-100,115,116,123

集体罪责(Kollektivschuld) 21,37,48,51,52,90,91,96,99,103,117,132

全面罪责(Totalschuld) 78

形而上的罪责(Metaphysische Schuld) 13,14,16,17,21,22,27,37,45-47,79,95,97,98,115,116

刑事罪责(Kriminelle Schuld)　12,14,22,37,39,47,95,98,123

政治罪责(Politische Schuld)　12,14－16,18,22,24,27,37,39,46,53,60,95,97,98

罪责倾向(Schuldigwerden)　67

罪责意识(Schuldbewußtsein)　16,24,45,80,82,83,93

译后记

雅斯贝尔斯在二战结束之年从瑞士回到德国。那年秋冬学期，他在海德堡大学开设了一系列关于德国精神状况的讲座，其讲稿就是《罪责问题》一书的雏形。

从语言风格看，大量排比、设问和呼告式短句，说明这个书稿本不是为出版而生，而是一系列前后相续的演讲稿；从编排布局看，它不是一部深耕细作的理论著作，没有层级清晰的论证结构，回避了洋洋洒洒的旁征博引和学院式的居高临下；从观点立场看，作者游走在批评他者与自我批评之间，在鞭策与抚慰两个流向上不断往复，像一个身在其中又尝试超越本位思考的调和者；从遣词用句、写作姿态看，作者与其说是一位存在主义哲学家，不如说更像是一位心理治疗师、一位感时忧国的外交官、一位苦口婆心的大学老师，多次以亲身经历辅佐哲学思辨。

因为当年的绝大部分听众，是刚刚从 1933—1945 这十二年里成长起来的德国大学生。而雅斯贝尔斯这个循循善诱的"调和者"，则基于两个身份：知识分子和德国人。前一个身份决定了其批判视角，后一个决定了其辩护姿态。作为德国人，他对待同胞的态度往复于批评与建设之间；作为知识分子，面对战胜国，他小心徘徊在感激与警告——不可睚眦必报见死不救——之间。

译后记

　　同当年大部分学者相似，雅斯贝尔斯也坚持对纳粹与真正的德意志性作出严格区分。不过，他没有像梅尼克那些老派学者一样，通过哀诉"德意志的浩劫"引发情感共鸣，或追溯二百年前的精神偶像来重建文化自信。他的最终目的有三个：第一，恢复一个休戚与共的共同体氛围，假如曾经有过的话；第二，恢复当下同过去的关联，带领德国人正确认识刚刚过去的十二年；第三，恢复德国人在世界人民面前的平等与尊严，提醒欧美列强等战胜国的责任与义务。具体而言，就是如何化解德国人内部因具体经历和损失程度不同而造成的隔阂，如何教导那些继千年帝国梦碎后不知所措的人面对现实，如何让恩威并施的战胜国走出成王败寇的古老思维定势，化仇恨报复为携手共建。

　　要达到那些目标，不能依靠晦暗不明的感性，而要诉诸理性。在20世纪，理性成为一个多义词，并且经历了自启蒙以来前所未有的颠覆，甚至一度因工具理性的甚嚣尘上而成为知识进化史上的罪人。雅斯贝尔斯所呼吁的理性，则是一种以开诚布公、彼此坦诚为心理基础的交往理性、沟通意志。他要通过道德罪责的理论建构破除"命令就是命令"的知行模式。在何种层面上，人要团结协作，在何种境遇下，人得先直面内心，这正是捍卫法律、政治威严与履行道德责任的分殊所在。作为社会性的存在，人如果不参与政治、不关心政治，那么就会被动成为政治牺牲品，一边顺从权力，一边丧失道德本能，因为"在现代国家里面，不存在局外人"。面对政治，"有人视之为陌异之物任由它来去，有人为增进个人利益施计同它周旋，有人以自我牺牲的盲目狂热与它共存"。

　　相比可以量刑的法律罪责和现代社会无人可免的政治责任，

无法定量也更难赎回的罪责,永远属于道德和形而上的层面。雅斯贝尔斯频繁移步于共情和说理之间,例证诚心忏悔之艰难:一方面,人应具有追求正义和自由之心,应勇敢地坦然认罪;另一方面,人的行为方式总是受具体情境、身份、体系所限,总是与应然构成紧张关系。比如,国防军里的正规军人和初涉人世、心怀理想的德意志青年。理论上,前者性质不同于纳粹犯罪组织成员,遵从的是一套军队逻辑乃至骑士精神;后者则尚未形成成熟的世界观,甚至还沉浸在通过战争一雪前耻的迷梦之中。要让他们诚心悔过,是巨大的哲学疑难。这样的疑难成为战后人文研究和文学创作的重要母题,也催生许多既充满争议又令人难忘的文学形象和流行话语。在战后初年,罪责问题一度被以各种方式边缘化;但20世纪60年代之后,它日益跨越单一学科话语,持续参与德国人的身份建构。这使人不禁想到加缪著名的"西西弗斯神话"的比喻——在罪责反思的道路上,没有一劳永逸。

2007年的秋天,还是博士生的我在柏林自由大学图书馆借阅雅斯贝尔斯的《罪责问题》,几乎一口气读完。这本书是当年我写作博士论文的重要参考文献和理论依据。从它开始,我对雅斯贝尔斯便怀有一种特殊感情,既是有感于他作为战败国知识分子的真诚与勇气,也是着迷于他和汉娜·阿伦特在关于德国问题的那些往来书信中的思想火花。当然也不能否认,他高高的额头、深邃的眼神、高大的身材、智慧又可靠的父亲形象,又增添几分亲和力。总之,八年后,当李雪涛老师带着"雅斯贝尔斯著作集"翻译项目辗转找到我时,我的激动心情可想而知。

然而，读书和译书是完全不同的体验。雅斯贝尔斯的书稿基于课堂讲稿，行文有力，局部反复使用排比增强气势。修辞手段对于阅读理解或许不难，但若要翻译成气势如虹的中文，就颇费脑筋。问题始于字词。诸如 Instanz 这类听上去属于法律行政系统的词汇，译成"主管机关"只能说是权宜之计；如 Solidarität 这类无法给出唯一译文的抽象名词，需要根据语境不同译作"凝聚力"、"团结"、"休戚与共"；再如 Wahrheit 可作"真理"、"真相"、"真实"，Gewalt 可作"暴力"、"强力"、"强制力"。既熟悉又陌生的词，在这位哲学家笔下，变得异常丰满并契合当下，同时也为翻译过程制造了诸多纠结时刻。即便如此，更多时候还是辗转反侧后的豁然开朗，是对微言大义的感同身受和由衷钦佩，尤其是当我看到下面这段话时：

"作为哲学家，我眼下似乎完全没了概念。事实上已经无话可说，能记起的只有消极负面的事；我们的所有分殊不能就此入土为安，纵然我们认为它们真实存在且无法从头再来。我们不能带着这些分殊去解决问题，为我们自己解压。我们带着这份压力继续我们的人生道路，藉由这份压力让最珍贵的事物日益成熟，那便是我们灵魂的永恒本质。"

雅斯贝尔斯熟谙法律、神学、政治与哲学话语。而这份书稿后来并不顺利的接受史恰恰证明：象牙塔里勾勒的梦想，总要历尽周折才能在更广阔的现实中发出光芒、撞出回响。战后初年，诸多矛盾汇聚于德国。欧美公共舆论和知识界有关集体罪责问题的纸上混战，并没有因雅斯贝尔斯的四重划分而得到根本改观，人们甚至一度对他的罪责范畴划分不以为然。但正如作者所言，"尽管这些分殊并非放之四海皆准，最后会发现我们所谓的罪责肇端，蕴含于一个无所不包的唯一性之中；可是，唯有通过条分缕析，才能把问题说清楚"。

当今社会，技术高高在上，成功决定一切，物质吞并精神。尽管大多数人对于正义与美德怀有本能的向往，但是有限的阅历让我越发相信，如果没有法律和政治制度的保障，那么完全回归内心的德性修养就是空中楼阁，在现实动荡中不堪一击；相反，如果没有道德和形而上的层面作为指引，那么法律就只是没有立场的工具，政治也会成为暴力的合法外衣。

即使没有艰深的专业术语，我的面前依然是一座高山，无论从思想还是行文，都只有抬头仰望。因此，译作中的不足、疏漏之处，我难辞其咎，望慧眼人不吝指正。

安　尼

2022 年 6 月 28 日

于京西岢罗坨

《雅斯贝尔斯著作集》(37卷)目录

1. 《普通心理病理学》
2. 《心理病理学研究》
3. 《史特林堡与梵高——对史特林堡及梵高的比较例证所做的病历志分析的尝试》
4. 《世界观的心理学》
5. 《哲学》(三册)
6. 《理性与生存》
7. 《生存哲学》
8. 《论悲剧》
9. 《论真理》
10. 《论历史的起源与目标》
11. 《哲学入门》
12. 《哲学学校》
13. 《哲学的信仰》
14. 《鉴于启示的哲学信仰》
15. 《哲学与世界》
16. 《大哲学家》
    a. 《孔子与老子》
    b. 《佛陀与龙树》
    c. 《康德》

17.《尼古拉·库萨》

18.《谢林》

19.《尼采》

20.《尼采与基督教》

21.《马克斯·韦伯》

22.《大学的理念》

23.《什么是教育》

24.《时代的精神处境》

25.《现代的理性与反理性》

26.《罪责问题——论德国的政治责任》

27.《原子弹与人类的未来》

28.《哲学自传》

29.《海德格尔札记》

30.《哲学的世界史》

31.《圣经的去神话化批判》

32.《命运与意志——自传作品》

33.《对根源的追问——哲学对话集》

34.《神的暗号》

35.《阿伦特与雅斯贝尔斯往复书简》

36.《海德格尔与雅斯贝尔斯往复书简》

37.《雅斯贝尔斯与妻书》